COLLECTION
L'IMAGINAIRE

Guillaume Apollinaire

MŒURS ET MERVEILLES DU TEMPS

La Femme assise

Chronique de France et d'Amérique

Gallimard

I

Née à Maisons-Laffitte, Elvire Goulot a un goût déterminé pour les chevaux qu'elle peint d'une façon remarquable et pour l'équitation.

Bien qu'elle n'ait plus l'occasion d'aller à cheval, elle y songe souvent et lorsqu'elle a des embêtements, elle se console en imaginant de grandes chevauchées.

Elle a vu de merveilleux chevaux dans les écuries fameuses de sa ville natale, mais ceux dont elle se souvient avec le plus de plaisir, ce sont les trois chevaux attelés à la troïka de son amant, le grand-duc André Pétrovitch.

Aussi blancs que la neige, c'étaient les plus beaux chevaux de toute la Russie. On les estimait un million pièce. Leurs queues traînaient presque jusqu'à terre. Ils allaient comme le vent et le cocher qui les guidait était le plus gros que l'on sût voir.

Dès l'enfance, Elvire eut un esprit délié et une mémoire remarquable. Elle n'a jamais été croyante, mais n'a jamais cessé d'être superstitieuse. Ses rêves ont toujours été tournés vers les choses de l'amour. Petite fille, elle rêvait d'épingles, de pieux ou de barrières, ce qui, au témoignage d'une certaine école, est significatif.

Son premier amant fut un médecin, homme marié, à la fois très gentil et très débauché. Il la prit alors qu'elle avait quinze ans. Il en avait trente-six. Elle était légèrement malade et il était venu lui donner ses soins. C'était un de ces hommes maigres qui, connaissant tous les raffinements de l'amour, corrompent l'esprit des femmes sans savoir s'en faire aimer sincèrement. Leur liaison débuta par un scandale, car la mère d'Elvire découvrit le pot aux roses. Le suborneur fut poursuivi et ne s'en tira que grâce à la déposition d'Elvire qui affirma devant les juges que l'accusé ne l'avait pas eue vierge. Il fut acquitté et lui en garda une vive reconnaissance.

Le premier pas étant fait, voilà Elvire livrée à l'éducation dépravée de ce Georges, le médecin, qui lui inculqua avec le goût des femmes tout ce que du vice on peut savoir.

Pendant l'hiver de 1913, il l'emmena à Monte-Carlo où il la laissa seule, ayant dû revenir précipitamment à Paris. C'est au Casino que le vieux Replanoff, le premier avocat de Petrograd, qui était alors Saint-Pétersbourg, la remarqua et lui conseilla de le suivre en Russie.

« Vous serez heureuse, lui disait-il. Vous remplacerez ma fille qui est morte et à qui vous ressemblez. Venez, vous n'aurez rien à désirer. Vous serez comme une reine. Je vous traiterai comme ma fille. »

Et respectueusement mais passionnément, il lui baisait le bout des doigts.

Replanoff partit le premier, et comme Georges tardait à revenir, Elvire se décida à partir pour la Russie. Elle alla prendre son billet à la Compagnie des Wagons-Lits ; mais elle était et paraissait si jeune qu'elle dut obtenir le consentement préalable de son père auquel le vieux Replanoff écrivit une lettre, vrai monument d'hypocrisie car, aussitôt qu'Elvire fut à Petrograd, il la vendit à une compagnie de débauchés dont il faisait partie et elle devint la maîtresse du grand-duc André Pétrovitch. Elle passa sept mois en Russie et, de ce séjour chez les Moscovites, elle me parla une fois de la façon suivante :

« Le grand-duc, mon amant, avait vingt-six ans. Il était très beau. Je n'ai jamais vu d'homme aussi beau ni aussi brutal. Il aimait les femmes et les garçons. Il était plus corrompu que Georges en ce sens que la cruauté dominait tous ses scrupules et l'orgueil le faisait presque délirer. Les femmes, Françaises pour la plupart, qui étaient les maîtresses des autres débauchés, n'étaient ni jeunes ni séduisantes. C'étaient uniquement, d'après ce qui me parut, des femmes d'affaires qui se prêtaient à tout ce qu'une imagination dépravée à l'extrême pouvait suggérer à leurs amants. La plus jolie était une Russe. C'était aussi la plus lascive et ses goûts s'accordaient avec ceux des hommes qui nous entouraient. Elle avait une capacité d'estomac inimaginable, aussi bien pour la nourriture que pour la boisson et je n'ai jamais vu de femme pouvant boire autant de champagne qu'elle.

« Je me souviens d'une orgie chez le général Breziansko ; il y avait là une cinquantaine de convives, parmi lesquels deux grands-ducs et, lorsqu'on eut fait se retirer les domestiques, cette jeune Russe, après s'être mise en l'état de pure nature et semblable à une bacchante échevelée et frénétique, passa sous la table et donna à ceux qui lui plaisaient, hommes ou femmes, l'occasion de manifester la vivacité de leurs sensations, de façon à déchaîner la joie de l'assistance.

« Mais j'avais horreur de cette vie où le repos, la tendresse et la douceur ne tenaient aucune place. Sans une amie que je m'étais faite, une danseuse de restaurant, Française de vingt-huit ans, je n'aurais pu rester un mois en Russie. Elle était en secret la maîtresse du vieux général Breziansko qui donnait dans une dévotion sénile, démesurée et incertaine à la fois, confondant à son propre usage ce que disent les Évangiles à propos de la résurrection de la chair et ce qu'ils racontent touchant à la Flagellation. »

La brune Georgette, si tendre avec Elvire qui était la vrille, devenait un vrai démon quand il s'agissait de cingler la vieille peau du général Breziansko. Elle mettait à bien remplir cet office un soin d'autant plus minutieux que chaque fois que la réussite couronnait ses efforts, elle touchait une somme équivalant à vingt-cinq mille francs de notre monnaie ; mais l'événement était rare, nonobstant quoi ce vieux tambour de Breziansko n'en était pas moins généreux et Georgette se trouvait satisfaite de sa condition.

Il n'en était pas de même d'Elvire qui maigrissait et souffrait impatiemment les atteintes que son amant et ses amis portaient à son orgueil. Ce qui l'irritait le plus, c'est qu'aucun dîner au restaurant ne se terminait sans quelque épouvantable dispute, où les gérants, les maîtres d'hôtels, français pour la plupart, étaient traités d'une manière à révolter Elvire qui essayait de se consoler grâce à l'amour de Georgette et aussi en dessinant des fleurs, de petits cochons, des chevaux qu'elle enluminait ensuite et qui lui servaient de papier à lettres, ce qui faisait l'admiration du vieux Replanoff qui venait la voir quelquefois et s'écriait :

« Elle peint comme ma fille. Je te l'ai dit, Elvire, tu lui ressembles d'une façon miraculeuse. C'est pourquoi je veille sur toi comme un père et t'ai introduite dans la meilleure société de la Russie. »

Elvire s'échappe un jour, le cœur un peu gros de quitter son bel appartement de la Pentelemonskaia. Mais elle n'en pouvait plus et elle avait beaucoup maigri. Georgette seule était au courant de la fuite. A la frontière, nouvelle histoire. On ne voulait pas la laisser passer, son passeport n'étant pas en règle. Par fortune, elle aperçut sur le quai un officier qu'elle avait rencontré à Petrograd. Celui-ci aplanit toutes les difficultés et, en débarquant à la gare du Nord, Elvire ne regrettait plus que les chants étranges et nostalgiques entendus en Russie elle ne savait plus où, dans un restaurant, ou bien à la campagne et les trois chevaux blancs de neige, rapides comme le vent, et que le plus gros cocher de toute la Russie menait à bras toujours tendus.

Georges la reçut comme fut accueilli l'enfant prodigue et, par l'entremise d'un de ses amis, la fit débuter dans un music-hall où elle prit l'habitude de porter monocle. Elle y rencontra une petite figurante, Mavise Baudarelle, dont les parents étaient marchands de vins, boulevard Montparnasse[1], où elle prit pension et Mavise Baudarelle fit son bonheur jusqu'au jour où un jeu-

1. L'appellation édilitaire est boulevard du Montparnasse.

ne peintre russe de bonne famille, Nicolas Varinoff, l'enleva à la famille Baudarelle.

Nicolas Varinoff partageait son temps entre sa sœur, la princesse Teleschkine, et sa maîtresse Elvire, avec laquelle il s'installa dans un atelier de la rue Maison-Dieu. Quand Nicolas était chez sa sœur, Elvire peignait avec une fantaisie délicate et non sans force, des bouquets éclatants où paraissaient des marguerites aux pétales noirs et cette vie qu'animaient l'art, l'amour, la danse à Bullier et le cinéma, continua jusqu'au moment de la déclaration de guerre.

On s'en souvient, l'année 1914 commença par une gaieté folle. Comme au temps de Gavarni, l'époque fut dominée par le Carnaval. La danse était à la mode, on dansait partout, partout avaient lieu des bals masqués. La mode féminine se prêtait si bien au travesti que les femmes déguisaient leurs cheveux sous des couleurs éclatantes et délicates qui rappelaient celles des fontaines lumineuses qui m'étonnèrent quand j'étais enfant à l'exposition de 1889. On aurait encore dit des lueurs stellaires et les Parisiennes à la mode avaient droit, cette année, qu'on les appelât des Bérénices, puisque leurs chevelures méritaient d'être mises au rang des constellations.

Tout naturellement les bals de l'Opéra avaient ressuscité. Et la plaisanterie grivoise du premier qui eut lieu et où chaque femme recevait une boîte fermée à clef, tandis que chaque homme recevait une clef, à charge pour lui de trouver la serrure de sa clef, paraissait d'excellent augure pour la gaieté générale. Et peut-être plus tard, quand avec le tango, la maxixe, la furlana, la guerre et ses « bombes funèbres » seront oubliées, dira-t-on de l'époque pacifique de l'an 1914, comme dans la célèbre lithographie de Gavarni : « Il lui sera beaucoup pardonné parce qu'elle a beaucoup dansé. »

D'ailleurs, il manquait aux travestissements de 1914 un artiste comme Gavarni, qui en dessina tant, les inventant, sans rien emprunter à personne.

Il n'existait, en 1914, aucun type particulier à notre temps comme les Débardeurs, les Dominos, les Pierrettes, les Postillons, les Bayadères, les Chicards, dont un poète ferait vite des personnages comparables aux masques de la Comédie italienne et qui méritent qu'on ne les abandonne point.

Pour créer de nouveaux masques, il aurait fallu un nouveau Gavarni.

Son chef-d'œuvre fut le Débardeur, qui est surtout un travesti féminin délicieusement équivoque et dont il a suffisamment souligné le caractère dans cette légende à propos d'un débardeur femme lutinant une Pierrette, qui lui crie : « Va donc... singulier masculin ! », en quoi se résume peut-être la fantaisie insolente de tout le XIXe siècle.

Il aurait fallu aussi, pour la nouvelle joie de l'époque, inventer un nouveau cancan, l'ancien ayant été amené par la Goulue, Rayon d'Or, Grille d'Égout, Valentin le Désossé et par la dévotion de grands peintres comme Toulouse-Lautrec et Seurat au rang des danses hiératiques.

Il aurait fallu quelque chose qui répondît au cancan du temps de Gavarni, à ce jeune cancan dont les différences avec le cancan solennel du Moulin Rouge sont bien marquées si on compare par exemple le tableau de Seurat, *Le Chahut,* au monologue beaucoup plus ancien de Jules Choux, qui commence ainsi :

La chahutte et la cancanska,
Dont j'connais les poses intimes,
Avec redowe et mazurka
M'font faire bien des victimes (bis).

1914. Année de bals et de mascarades, l'époque n'allait pas sans une tendre gravité mais elle était légère, on ne danse jamais plus que dans des révolutions et des guerres et quel singulier poète a donc inventé ce lieu commun véritablement prophétique : danser comme sur un volcan ?

Le type le plus caractéristique de cette époque de bals et de ballets russes, ce fut incontestablement Elvire que je revois à Bullier avec ses cheveux lilas, ses fourrures blanches et son monocle, on l'appelait la Vrille et nul doute que cet accoutrement : chevelure lilas, monocle et fourrure blanche ne se fût généralisé l'an suivant, si la guerre n'était venue. Un Gavarni eût peut-être surgi et nous aurions eu au bal de l'Opéra de délicieuses Vrilles, comme au temps de Gavarni il y avait de charmants débardeurs.

Nicolas Varinoff la menait aussi parfois avec Mavise dans les bals-musettes ; celui des Gravilliers, où les musiciens se tenaient sur un petit balcon ; le Bal de la Jeunesse, rue Saint-Martin, dont le patron avait une si belle collection de lingues qu'il donnait en prime à ses clients ; celui d'Octobre, rue Sainte-Geneviève, et qui appartenait en 1914 à M. Vachier ; le Petit Balcon, qui s'ouvrait dans une impasse près de la Bastille ; le bal de la rue des Carmes ; la Fauvette, rue de Vanves, et le Boulodrome de Montmartre, endroit charmant où la musique était, à mon gré, plus plaisante que celle de M. Strauss.

La guerre assassina tous ces « rendez-vous de noble compagnie » auxquels aujourd'hui Elvire ne pense jamais sans éprouver une tendre mélancolie.

La guerre éclata donc, brisant comme verre cette vie adorable et légère.

Nicolas Varinoff fut extrêmement frappé par l'événement imprévu et, peu de jours après la Marne, il déclarait à Elvire, qui se pressait contre lui comme une chatte, que le temps de l'amour était interrompu et que les occupations qu'il entraîne, particulièrement durant la nuit, ne seraient reprises, en ce qui le concernait, qu'à la fin des hostilités.

Comme Elvire n'accordait à la guerre qu'un intérêt médiocre, cette décision lui parut incohérente et, au firmament de leur liaison, le dédain se prit à monter comme une lune rousse.

II

Douce poésie ! le plus beau des arts ! Toi qui suscites en nous le pouvoir créateur et nous rapproches de la divinité, les déceptions n'ont pas abattu l'amour que je te portai dès ma tendre enfance ! La guerre même a augmenté le pouvoir que la poésie exerce sur moi et c'est grâce à l'une et à l'autre que le ciel désormais se confond avec ma tête étoilée. Douce poésie ! je regrette que l'incertitude des temps ne me permette pas de me livrer à tes inspirations touchant la matière de ce livre, mais la guerre continue. Il s'agit, avant d'y retourner, d'achever cet ouvrage et la prose est ce qui convient le mieux à ma hâte.

Mais pourquoi, parce que nous sommes en guerre, représenter toujours la guerre et les misères du soldat ou ses loisirs, ou bien le miraculeux tableau des races mobilisées de tous les coins de l'univers sur notre Front, ou encore le triste cheminement à travers les tranchées ?

Il faut bien cependant se souvenir de cette

guerre invétérée. Il n'y a pas moyen de s'en défendre. Chaque fois que je crois avoir échappé à cette hantise, elle me reprend avec une douceur toujours croissante. Je me souviens avant tout de l'instabilité de la vie du soldat. Il est un jour ici ; la nuit peut-être partira-t-il en toute hâte. Cette incertitude est surtout le lot du fantassin. J'ai connu la vie de l'artilleur et celle du fantassin ensuite. L'instabilité de la seconde est plus surprenante. J'ai entendu appeler le fantassin, le Méfiant. Tout courageux qu'ils soient, et Dieu sait qu'ils le sont au suprême degré, ils se méfient car le moins qu'on puisse leur demander, c'est le sacrifice de la vie. Mais j'ai gardé la nostalgie de cette vie vagabonde et bien réglée. Je me souviens des villages charmants et à peine délabrés, parcourus au pas cadencé et de trois filles sur la porte d'une ferme, au toit défoncé, transformée en épicerie.

Aujourd'hui Paris me sollicite. Voici le Montparnasse qui est devenu pour les peintres et les poètes ce que Montmartre était pour eux il y a quinze ans : l'asile de la belle et libre simplicité.

Le quartier Montparnasse, au témoignage de l'habitant des quartiers environnants, est un quartier de louftingues. La vérité est que Montparnasse remplace Montmartre, le Montmartre d'autrefois, celui des artistes, des chansonniers, des moulins, des cabarets, voire même des haschischophages, des premiers opiomanes, des sempiternels éthéromanes et des cocaïnomanes ou visionnaires, comme on les appelle aujourd'hui où la « coco » sévit encore ; tous ceux (parmi les Montmartrois du grand art) qui vivaient encore et que la noce expulsait du vieux Montmartre détruit par les propriétaires et transformé par les architectes, conspué par les futuristes parisiens, où, d'ailleurs, tous ceux-là ont émigré sous forme de cubistes, de Peaux-Rouges, de poètes orphiques. Ils ont troublé des éclats de leur voix les échos du carrefour de la Grande Chaumière. Devant un café établi dans une maison de licencieuse mémoire, ils avaient dressé, dès avant la guerre, un concurrent redoutable, le café de la Rotonde. En face, se tenaient les Boches. Ici, allaient toujours les Slaves. Les Juifs continuent à aller indifféremment dans l'un ou dans l'autre.

Les marchands de couleurs dans toutes les rues avoisinantes offrent leur multicolore tentation à tous ceux qu'un rapide coup d'œil dans les expositions d'avant-garde a fait s'écrier : *Anch'io son pittore.*

Esquissons avant tout la physionomie du carrefour qui, vraisemblablement, changera avant peu. A l'un des coins du boulevard du Montparnasse, un grand épicier étale aux yeux de tout un peuple d'artistes internationaux son nom énigmatique : Hazard. Sa marchandise est des plus variées et ses chalands sont de toutes sortes. L'Américain y trouvait avant la guerre les pamplemousses qu'il appelle grape-fruits et qui sont au citron ce que le melon d'eau est au cantaloup ; le Russe y retrouvait ses pommes de paradis semblables à des bigarreaux ; le Hongrois sa charcuterie poivrée de rouge, etc. Voici, à l'autre angle, la Rotonde. Un Indien en grand costume de cuir et de plumes, peintre et modèle, y attirait les regards en 1914. Quelquefois même la longue silhouette de Charles Morice se profilait longtemps à l'intérieur contre la muraille.

A l'angle du boulevard du Montparnasse et de la rue Delambre, c'est le Dôme : avant la guerre, il avait une clientèle d'habitués, gens riches, esthéticiens du Massachusetts ou des bords de la Sprée, c'est encore Pascin ou le Clinchtel contemporain ; c'est ici que se décidait l'admiration que l'on professait en Allemagne pour tel ou tel peintre français. Les gloires de Géricault, de Courbet, de Seurat, du Douanier n'ont pas eu à souffrir des entretiens esthétiques entre les Boches millionnaires du Dôme.

Un autre angle : c'est Baty ou le dernier marchand de vin. Quand il se sera retiré, ce métier aura pratiquement disparu de Paris, à moins que la guerre et la vie chère ne redonnent un regain de vogue à cet état. Il restera « la petite boîte », comme on dit aujourd'hui, mais le chand' de vin aura vécu. En attendant, ceux que les maladies ou plutôt les médecins n'ont pas fait renoncer entièrement aux vins de France fêtent encore à l'envi cette cave bien soignée.

Plus loin, à droite, sur le boulevard Raspail, le petit café des Vigourelles abritait en 1914, les jours où l'on ne dansait pas à Bullier, une jeunesse pétulante ; un homme au visage sévère s'y tenait souvent. Il déclarait avec simplicité à qui voulait l'entendre : « Je suis l'homme le plus emm...dant du quartier, j'emm...de même les conseillers municipaux. » On l'appelait *le lion.* Il avait tellement emm...rdé de monde qu'il en avait tiré des rentes. En effet, la plupart des cafés, des bistros du quartier préféraient lui donner de l'argent plutôt que de le servir. Il n'avait qu'à se présenter dans ces endroits, pour qu'aussitôt on lui donnât, selon l'importance de la maison, un franc, deux francs et même trois francs cinquante. Chaque matin, cet homme de génie faisait sa petite tournée dans le quartier et cela lui suffisait pour vivre, il e...rdait tout le monde et ne devait rien à personne. Dans ce petit café provincial des Vigourelles venaient quelquefois MM. de Segonzac, Luc-Albert Moreau, André Derain, Édouard Férat, René Dalize et un personnage énigmatique que l'on appelait le Finlandais, mais qui, je crois, était un Limousin, de Limoges même. Le distingué propriétaire de la maison s'était fait une popularité d'excellent aloi dans son arrondissement en déclarant publiquement, au cours d'un beau mouvement d'éloquence :

« Messieurs, tout en étant bistro, j'aime beaucoup les arts ; le dimanche, quand je ne vais pas au cinéma, je vais au Louvre. »

Presque en face se trouvait la boutique de M. Cocula, qui, par un singulier phénomène de mimétisme onomastique, en est venu, comme son quasi-homonyme anglais, M. Cook, à s'occuper de voyages ; les Anglais ont l'agence Cook et les Français ont le train Cocula.

Dans les rues qui entourent le cimetière du Montparnasse, et où le buste de M. de Max garde le tombeau de Baudelaire, se trouvaient encore en 1916 les demeures d'anciens habitants célèbres de Montmartre ; beaucoup d'entre eux même, tel Picasso, habitaient la célèbre maison du 13 de la rue de Ravignan, aujourd'hui, place Émile-Goudeau.

Redescendons rue de la Grande-Chaumière, rue des académies de croquis, où, naguère encore, l'unique Patagon de Paris, l'Araucanien Ortiz de Zarate, se promenait en proclamant qu'il avait découvert la vérité. Ici se tenait encore un fameux petit restaurant de modèles, fermé depuis la guerre, *Chez Papa* ; il était tenu par un ancien Garibaldien qui assaisonnait les pâtes aussi bien que dans les *osterie* romaines. C'était un lieu charmant où M. Anatole France, s'il l'avait connu, serait souvent venu. On y rencontrait d'aimables gens, parmi lesquels MM. Paul Morisse, André Billy et Paul Léautaud.

S'il a une couleur différente du Montmartre d'autrefois, le Montparnasse contemporain, et même en temps de guerre, n'a pas moins de gaieté, de simplicité et de laisser-aller. Les costumes à l'américaine des artistes d'aujourd'hui ne sont ni moins larges ni d'un autre velours que celui des rapins d'autrefois ; ils sont larges d'une autre façon, voilà tout, et la sandale après tout, n'est pas moins germanique que l'affreuse bottine à élastique de jadis. Bientôt, c'est-à-dire après la guerre, je gage, sans le souhaiter, Montparnasse aura ses boîtes de nuit, ses chansonniers, comme il a ses peintres et ses poètes. Le jour où un Bruant aura chanté les divers coins de ce quartier plein de fantaisie, les crémeries, la caserne-atelier de la rue Campagne-Première, l'extraordinaire Crémerie-Grill-Room du boulevard Montparnasse, le restaurant chinois, qui vient de mourir, les mardis de la Closerie des Lilas, morts depuis la guerre, ce jour-là Montparnasse aura vécu. L'Agence Cook y amènera ses caravanes, et le train Cocula émigrera en quelque autre quartier, emportant les peintres, les Chinois, les Patagons, les Indiens Comanches, les Limousins-Finlandais, les Vigourelles et peut-être même l'homme le plus emm...dant du quartier, vers une autre destination, vers un autre arrondissement, vers une autre butte, vers un autre mont, sans doute les Buttes-Chaumont.

En temps de guerre, Montparnasse a donné naissance à une idée exquise et touchante, la poupée-portrait, qui mérite le succès qu'elle remporte.

Une de mes premières impressions de Paris, lorsque j'y revins, blessé, fut de surprendre, au téléphone de l'hôpital où l'on me pansait, cette bribe de phrase : « ... l'industrie admirable des poupées. »

Qui parlait ? je ne sais et peu importe : « C'est tout de même un peu fort, pensai-je, de s'occuper de poupées en ce moment. »

Depuis, mon opinion s'est bien modifiée à cet égard.

La poupée de Paris qui montrait la mode à toute l'Europe ne faisait-elle pas beaucoup pour le prestige de la France ?

Des artistes de Montparnasse, des femmes naturellement, ont eu l'idée de faire des poupées-portraits, idée charmante qui a déjà produit d'agréables ouvrages.

Si cette mode s'installe, nos petites-nièces posséderont de très curieuses galeries d'ancêtres. On jouera *Hernani* dans la chambre aux jouets. Ne voilà-t-il pas la grand-mère dans son costume de la Croix-Rouge ! telle qu'elle était, toute jeune, en 1916 ! Elle voisine avec le grand-oncle en lieutenant de chasseurs, décoré de la croix de guerre... Il ne faut pas que les enfants d'aujourd'hui puissent oublier ainsi qu'avaient oublié ceux d'après 70. Il convient donc de multiplier les souvenirs et les poupées-portraits, qui sont des souvenirs quasi vivants.

Mais laissons les souvenirs, leur temps viendra. La guerre continue. Nicolas Varinoff est devenu sombre et préoccupé. Il va partir à la guerre comme volontaire dans une ambulance ruthène. Son costume mi-militaire, mi-sportif est enfin prêt.

Quand il l'eut endossé pour la première fois, il se rendit avec Elvire à la Coupole, boulevard Raspail, rendez-vous des peintres, des modèles et des littérateurs. A la terrasse se tenait Égon d'Almanfeiner, fils d'un fameux romancier autrichien qui inventa le vice singulier de se sentir toujours sous le coup de poursuites judiciaires. Son histoire ressortit à la psychopathie sexuelle et je ne m'étendrai pas davantage sur son cas, ni sur celui de son fils qui doit, paraît-il, son permis de séjour aux bontés que sa mère eut, il y a quelque vingt ans, pour le chef d'un des partis d'opposition.

J'aime mieux faire le portrait de Moïse Deléchelle qui, en compagnie de Pablo Canouris, le peintre aux mains bleu céleste, tirait les cartes à deux jeunes Roumaines, élèves d'une académie de croquis du quartier. Moïse Deléchelle est un homme couleur de cendre dont le corps, en toutes ses parties, est musical. Il se tape sur le ventre pour imiter les sons profonds du violoncelle ; de ses pieds il tire les résonances rauques de la crécelle ; la peau tendue de ses joues est un cymbalon aussi sonore que ceux des tziganes de restaurant et ses dents, sur lesquelles il frappe au moyen d'un porte-plume, rendent les sons cristallins des orchestres de bouteilles dont jouent certains artistes de music-hall, ou qui font le chic de certaines grandes orgues mécaniques dans les carrousels des foires.

Elvire et Nicolas s'assirent à leur table et Moïse Deléchelle brouilla les cartes. Au bout de quelques instants, les Roumaines s'en allèrent à leur académie de croquis et, avant qu'elles se fussent éloignées, leur place fut prise par Anatole de Saintariste, poète et officier, blessé au bras et qui, pour la première fois depuis la guerre, venait à la Coupole, en compagnie de sa nouvelle amie, la jolie Corail, rousse aux yeux noisette, qui donnait dans son ensemble l'aspect d'une goutte de sang sur une épée.

Au bout de peu de temps, la conversation avait pris un tour assez vif et l'on en vint à parler de polygamie.

« Il paraît que les Boches l'ont autorisée, dit Pablo Canouris, et nous serons sans doute amenés à en faire autant. »

Il ajouta après avoir rallumé sa pipe :

« Pour aboir braiment une femme, il faut l'aboir

enlébée, l'enfermer à clef et l'occouper tout lé temps. C'est déjà difficile d'occouper oune femme, tu parles, si on en a plousieurs. La polygamie c'est oune théorie bonne pour les pipes, mais pas pour les femmes. »

Pablo Canouris, le peintre aux mains bleues, a des yeux d'oiseau. D'origine albanaise, il est né en Espagne, à Malaga, mais son art et son cerveau, empreints de cette force réaliste qui caractérise les productions et l'esprit de la péninsule ibérique, ont gardé cette pureté et cette vérité helléniques qui lui viennent de ses ancêtres, car au témoignage de tous ceux qui ont traité la question, les historiens byzantins et Commines jusqu'à Thomas de Quincey pour ne citer aucun écrivain contemporain, les prétendus Hellènes sont des Albanais et le miracle pittoresque de Tolède, Le Greco même, renaissait en Pablo Canouris, le peintre aux mains bleu céleste, non que Canouris imitât Le Greco, mais le côté mystérieux de son génie touchait avec cette violence angélique qui angoisse délicieusement les amateurs de Théotocopouli.

Aucune école depuis le Romantisme n'a autant remué le monde que la nouvelle école de peinture où seuls ont joué un rôle des artistes ressortissant à la civilisation méditerranéenne, des artistes appartenant à une race latine. Ce succès est cause de la résistance que l'on oppose dans certains milieux officiels à l'art d'un Canouris, d'un Picasso, d'un

Braque, d'un Derain et qui va devenir plus violente encore qu'elle ne le fut jamais. Les philosophes ont rempli, paraît-il, en vue de combattre l'art moderne, tout « un arsenal de sophismes », comme disait mon ancien ami Delormel. Mais que peuvent les philosophes contre les formes et la matière qui sont les objets et les sujets des meilleurs d'entre les peintres d'aujourd'hui ? Que la peinture nouvelle soit différente de celle d'hier, c'est évident ; qu'elle ne s'accorde pas avec la tradition du grand art, c'est une chose que je défie à quiconque de démontrer. Et que cela fasse courir à l'art le moindre danger, je n'en crois rien. Les études éclatantes, surprenantes et sévères des nouveaux peintres sont profondément réalistes. Cet art n'éloigne pas de l'étude de la nature ceux qui s'y livrent si préoccupés de fixer, de combiner toutes les possibilités esthétiques.

Excès de nouveauté ? Qui sait ? Je le répète, elle n'est pas dangereuse pour l'art, mais seulement pour les artistes médiocres. Et ceux-là, quoi qu'ils fassent, resteront médiocres ; qu'importe, après tout, qu'en outre ils soient absurdes !

Dans le caractère de Canouris se mêlaient donc l'Espagne et l'Albanie. Et d'apparence il était comme sont les Albanais parmi lesquels il y a de beaux hommes, nobles, courageux, mais ayant une propension au suicide qui ferait frémir pour leur race si leurs qualités génésiques ne balançaient leur ennui de vivre. Ce qu'il y avait d'espagnol en Canouris n'avait pas écarté le goût pour la mort volontaire et il conservait pour les femmes un goût espagnol fortement albanisé.

J'appris à connaître Canouris pendant un séjour à Bruxelles qui m'a laissé d'inoubliables et de précises impressions sur un sang qui, avec l'Écossais, peut-être, est le plus ancien de l'Europe.

Pablo Canouris, qui y vécut, venant tout droit de Malaga et avant de connaître Paris, y avait pour amie une Anglaise qui le faisait souffrir comme peuvent pâtir d'amour ceux-là seuls qui appartiennent à l'élite de l'humanité.

Cette fille, dont la beauté était insolente à un point qu'il n'y a point d'homme qui ne l'eût aimée à la folie, trompait mon ami avec ceux qui le voulaient bien, et moi-même, qu'on me le pardonne, je délibérai longtemps entre l'amitié et le désir.

Impudique, d'une façon que ne peuvent manquer d'admirer ceux que la vie a assez malmenés pour qu'ils soient devenus bigles de l'âme et borgnes du cœur, Maud passait sa vie, dévêtue, dans l'appartement de mon ami. Et quand il était sorti, la débauche entrait dans sa demeure.

Et cette fille, cette Maud, faisait-elle partie de l'humanité ?

Elle n'en parlait aucun langage, mais un dialecte

hybride, un mélange d'anglais, de français, de tournures belges et germaniques.

Un philologue l'eût adorée, un grammairien n'eût pu que la détester malgré sa beauté.

Anglaise, elle l'était par son père, officier cruel, condamné à mort dans l'Inde pour sévices contre les indigènes. Mais sa mère était maltaise.

Un jour, mon ami me dit :

« Il faut que je me délivre. Je me tuerai demain. »

Je connaissais assez le caractère albanais de Pablo Canouris pour savoir qu'il ne s'agissait point là de vaines paroles.

Il se tuerait puisqu'il l'avait dit.

Je ne le quittai plus, et le lendemain, grâce à ma présence, à mon amitié, Pablo Canouris ne se tua pas.

Il trouva lui-même un remède à son mal.

« Cette femme, me dit-il, n'est point ma femme. Je l'aime, c'est vrai, mais d'un amour qu'une épouse détruirait en moi.

— Je ne comprends pas, m'écriai-je, expliquez-vous ! »

Il sourit et continua :

« Les races des Balkans et des monts qui sont aux bords de l'Adriatique pratiquaient autrefois le rapt, et cette coutume survit dans diverses localités. Ne nous appartient réellement que la femme que l'on a prise, celle que l'on a domptée. Sans rapt, point de mariage heureux. J'ai fait la cour à Maud. C'est elle qui m'a pris. Elle est libre et je veux reconquérir ma liberté.

– Et comment cela ? lui demandai-je, étonné.

– Le rapt ! » dit-il, avec un calme et une noblesse qui m'en imposèrent.

Les jours suivants, nous voyageâmes, Pablo Canouris et moi.

Il m'emmena en Hollande et, pendant quelques jours, parut soucieux.

Je respectais sa douleur et sans plus songer au rapt le louais silencieusement d'essayer par l'absence d'oublier cette Maud qui l'enfiévrait jusqu'au désir de la mort.

Un matin dans Amsterdam, au milieu de la Kalverstraat, Canouris me montra une jeune fille qui, un rouleau de musique à la main, marchait à côté de sa gouvernante.

Un laquais vêtu d'une livrée de bon goût marchait à dix pas derrière les deux femmes.

La jeune fille pouvait avoir dix-sept ans. Deux nattes lui tombaient dans le dos.

Fille de patriciens amstellodamois, elle semblait gaie comme on ne l'est en Hollande que dans l'Athènes batave.

« Suivez-moi », me dit tout à coup Canouris.

Il se mit à courir, dépassa le laquais et, arrivé près de la jeune fille, lui jeta un bras autour de la taille et la souleva en courant plus fort.

Je courais plein d'inquiétude sur les traces de mon ami.

Je ne regardais point derrière moi, mais certainement le laquais et la gouvernante, interdits, avaient perdu la tête, car ils ne criaient même pas à la garde !

Nous gagnâmes la gare.

La jeune fille, fascinée par la prestance mâle de son ravisseur, souriait, ravie dans tous les sens du terme et, quand nous fûmes dans le wagon d'un train en marche vers Rosendael, vers la frontière, Pablo Canouris, le peintre aux mains azurées, embrassait à en perdre l'âme la plus soumise des fiancées.

Elle mourut au bout de deux mois. Et je crus que cette fois je ne pourrais pas écarter le suicide de mon ami.

Mais je parvins à l'amener à Paris où il s'établit et le détail de ses amours dans la capitale serait trop long. Qu'il suffise de dire que le jour dont il s'agit, il était seul depuis une quinzaine de jours.

« Je partirai demain pour la guerre, dit Nicolas Varinoff à Pablo Canouris, je te prie d'amener ce soir Elvire au cinéma ; c'est vendredi, on change de spectacle. Elle ne se consolerait pas d'en avoir manqué un seul. J'ai, pour mon compte, pas mal de courses à faire et je dînerai en famille chez ma sœur. »

Au bout de quelques instants, il se leva, l'air

soucieux, songeant à la guerre. Il dit au revoir à Elvire dont le cœur se serra en voyant son amant s'éloigner sans se retourner une seule fois.

A ce moment, un sergent, sur lequel le bruit courait qu'il était Allemand et se nommait Waxheimer, mais qui avait réussi à se faire prendre comme alsacien dans la Légion étrangère, où il s'était engagé sous le nom d'Ovide du Pont-Euxin, s'approcha. Il était en convalescence après une blessure.

Et apercevant Elvire il lui cria :

« Est-ce que vous ne m'avez pas raconté un jour que votre grand-mère avait été mormone ?

– Oui, répondit Elvire, et c'est ce qui fait sans doute que je ne suis pas jalouse. Mon amant peut avoir autant de maîtresses que cela lui plaît, je ne serais pas plus jalouse que ne le serait de ses copines une femme mormone. Mes parents m'ont souvent raconté l'escapade de ma grand-mère Paméla. Mais celui qui m'a éclairée sur son compte est une espèce de rat de bibliothèque, un Boche qui avait été le secrétaire de Dreckeim, autre Boche qui a écrit une histoire du mormonisme. Dreckeim avait été dans la capitale des Mormons en 1895 ; en 1908, il y envoya ce vieux Filnitz qui était amoureux de moi à Petrograd où il servait vaguement de secrétaire à Replanoff. Comme il parlait toujours des Mormons, je lui ai sorti ma grand-mère. Il a été épaté et a retrouvé dans ses papiers une copie faite par lui à Salt Lake City de la lettre d'un mormon célèbre. C'est justement le type qui avait converti ma grand-mère au mormonisme et il parle d'elle. Ce Filnitz a fait de la lettre une traduction qu'il m'a donnée.

– Eh bien ! dit le pseudo Ovide du Pont-Euxin, j'ai retrouvé depuis la guerre un de mes grands-oncles qui passe pour strasbourgeois et qui est peut-être un Hessois venu en France en 66, il existe encore un certain nombre de ces patriotes hessois, et la France, même en temps de guerre, n'a pas inquiété ces guelfes. Pour en revenir à mon grand-oncle, je savais bien qu'il existait avant la guerre, mais je n'allais jamais le voir. Depuis la guerre, il a été très gentil pour moi et c'est chez lui que je vais en permission. Il a été tout jeune dans l'Utah avec sa mère qui était veuve et s'était laissé emmener là-bas dans un des premiers convois qui amenèrent d'Europe de nouveaux fidèles. Mon grand-oncle, Otto Mahner, a passé là-bas son enfance et n'est rentré dans son pays natal qu'à l'âge de vingt-cinq ans, pour se marier à la façon européenne, mais il ne cesse de me parler du mormonisme, depuis que je le revois. Il y revient toujours, en parlant comme d'un moyen de redonner à la France la population dont elle a besoin pour rester une grande nation.

– Mais, dit Elvire, croyez-vous que ce soit utile qu'il y ait beaucoup d'enfants ?

– Fichtre ! dit Ovide. Si c'est utile ; mais dans cinquante ans il y aura cent millions de Boches, soixante millions d'Italiens ; je vous fais grâce des Espagnols et autres nations qui confinent à la France et, du train où elle va, elle n'aura pas atteint à cette époque son quarante et unième million.

– Ce serait rigolo, dit Elvire, que votre grand-oncle ait connu ma grand-mère.

– Justement, dit Ovide, je lui ai promis que vous iriez le voir ; c'est près d'ici, rue Delambre, je vous donnerai l'adresse.

– Entendu, dit Elvire, comptez sur moi vers trois heures de l'après-midi. J'apporterai la lettre. Elle est de 1851.

– Merveilleux ! s'écria Ovide, je crois bien que mon grand-oncle Otto y était. Enfin, à demain ! »

Et, comme c'était l'heure du dîner, Pablo Canouris l'emmena dans la petite boîte en vogue du quartier.

Dans le monde des artistes, on ne dit plus le bistrot ; il y a belle lurette que mastroquet n'existe plus, ce mot mourut au temps du symbolisme et le dernier à qui je l'ai entendu dire est Remy de Gourmont. On dit maintenant : « Allons chez un tel, c'est une petite boîte où l'on bouffe bien. »

Et bistrot sera relégué dans le débarras des mots d'époque destinés à devenir poétiques, tels paletot, cocotte, fiacre, victoria, teuf-teuf, etc., etc., dont les poètes qui voudront, dans cent ans, évoquer notre temps farciront leurs poèmes, comme Verlaine qui mit dans ses *Fêtes galantes* les mots qui lui paraissaient les plus poétiquement évocateurs du XVIIIe siècle.

Et, après dîner, pendant la représentation cinématographique, Pablo Canouris, qui regardait ce spectacle sans songer à mal, sentit tout à coup une petite main se poser dans ses mains. Il en fut tout secoué d'une sorte de volupté mêlée d'horreur. Mais peu à peu, sa main serra celle d'Elvire.

III

Nicolas Varinoff était parti après avoir embrassé Elvire d'une façon distraite et elle lui avait rendu son baiser d'une façon plus distraite encore. Il pensait au communiqué, elle pensait au cinéma.

Quelle chose bizarre, qu'une fille de la sorte d'Elvire, qui aimait les femmes à la façon d'un homme, eût eu pour Nicolas Varinoff un béguin fou qui n'était nullement aboli, mais qui s'assoupissait, étant donné toutes les incertitudes qui avaient surgi depuis la guerre et aussi le fait qu'il ne paraissait plus songer du tout à l'amour. Pablo Canouris lui plaisait et, comme il était d'un pays neutre, son sort paraissait moins incertain que celui de Nicolas. Sa renommée naissante faisait en outre de son amitié une garantie de succès pour un peintre qui ne serait pas sans talent et serait de ses amis. Elvire était peintre plus qu'elle ne le savait elle-même. Mais elle ne songeait pas à Pablo Canouris ni à l'étreinte de leurs mains. Elle se rappelait certaines scènes de cinéma qui l'avaient enchantée et n'oubliait pas la conversation qu'elle avait eue avec le faux Ovide touchant le mormonisme.

En s'apprêtant pour aller rue Delambre et en cherchant la copie de la lettre où il était question de sa grand-mère, elle se disait :

« Je ne sais pas pourquoi, après tout, il n'y aurait pas un mormonisme féminin, des femmes ayant plusieurs maris. Ce serait rigolo. Et d'abord ça existe, pas pour les maris, mais pour les amants. Il faudra que je fasse un portrait d'Anatole de Saintariste en lieutenant, à côté de sa poule Corail. Elle est difficile à dessiner cette petite. »

Puis elle alla au rendez-vous, rue Delambre. Le vieux Hessois, qui avait vécu chez les Mormons, était un beau vieillard, à l'intelligence ouverte et claire. Il reçut Elvire en disant : « Sûrement j'ai connu votre grand-mère en 1851. J'avais huit ans et je suis arrivé à Great Salt Lake City en août 1851. Lisez-moi la lettre vous-même, car je ne peux plus lire les écritures, même avec des lunettes. »

Et, tandis que le pseudo Ovide du Pont-Euxin s'arrachait les petites peaux près des ongles et que le vieil Otto Mahner ouvrait la bouche pour mieux écouter et la fermait parfois en reniflant une prise, Elvire déplia la copie de la lettre que lui avait donnée à Petrograd le vieux Filnitz, et la lut avec une lenteur digne d'une jeune femme qui avait été commère aux Folies-Bergère.

« *A frère Brigham Young, Président de l'Église des Saints-du-dernier-jour, Gouverneur du territoire d'Utah.*

« *Great Salt Lake City (États-Unis d'Amérique).*

Paris, le 20 décembre 1851.

« Je pense être le premier, frère Brigham Young, à vous renseigner sur les événements tragiques qui ont mis à feu et à sang la malheureuse capitale de la France. Toutefois, au cas où la nouvelle aurait devancé ma lettre, celle-ci vous rassurera sur mon sort et celui de la mission.

« Lorsque obéissant aux volontés du conseil de l'Église, je pris congé de mes épouses et quittai Salt Lake City[1], pour diriger les missionnaires chargés d'aller évangéliser la vieille Europe, je n'éprouvai nulle part l'étonnement fait d'admiration et d'horreur qui me surprit dans la cité géante qui a remplacé Rome à la tête du monde.

« On trouve à Paris un singulier mélange de grandeur et de misère bien fait pour frapper les yeux d'un citoyen des États-Unis, accoutumé à l'agréable simplicité de nos villes naissantes dans lesquelles, s'il y manque l'architecture sublime des palais, des monuments et des édifices religieux,

1. Je publie cette lettre de M. Taylor avec les curieuses annotations qui l'accompagnent dans la traduction qu'en possède Elvire et qu'elle m'a permis de recopier en m'autorisant aussi à la publier.

l'ordonnance grandiose des places et des jardins, les perspectives ménagées avec un goût délicat et audacieux des promenades publiques, on ne trouverait pas non plus l'affreuse saleté des faubourgs parisiens, ces maisons épouvantables où vivent dans une promiscuité écœurante les ouvriers et les petits bourgeois.

« Dans ces rues étroites et tortueuses, l'odeur de la pourriture essaie de vaincre la fétidité de l'urine qui, souillant Paris tout entier, stagne en flaques, écume dans les ruisseaux, et s'allie parfois à la puanteur des excréments d'hommes et de bêtes qui l'accompagnent.

« Nulle part en Europe je n'ai regretté comme à Paris ce que l'on y appellerait la franche sauvagerie de nos contrées.

« Les façades lépreuses, témoins d'un grand nombre de révolutions, ont l'air de vieilles femmes, de squaws usées par la vie et par les durs traitements que les Peaux-Rouges, ces restes malheureux du malheureux peuple des Lamanites, font subir à leurs femmes.

« D'autre part, la nature est ici, comme partout en Europe, plus mesquine que dans notre patrie, et, en particulier, les fleuves y sont de misérables ruisseaux au regard de notre Missouri, le Père des Eaux, ou des autres fleuves américains.

« Je suis arrivé à Paris en avril, venant de Copenhague où j'ai eu le bonheur de faire un grand nombre de prosélytes danois que vous avez eu sans doute la joie d'accueillir dans notre sainte ville.

« Ayant visité Paris à diverses reprises, je connaissais la dure vie qu'y menait frère Curtis Bolton, spécialement chargé de l'entreprise difficile de convertir les Parisiens. Malgré mille obstacles, il a pu mener à bien quatre cents conversions et je dois dire qu'il a été médiocrement aidé par les circonstances.

« Il a vécu durant sept ans dans une mansarde de la rue de Tournon[1] et, malgré ses efforts, a rarement gagné plus de dix francs par mois, ce qui le forçait à vivre de pain sec et d'eau fraîche.

« J'ai pensé qu'il était temps qu'il se reposât et, dès mon arrivée, je me suis chargé – connaissant suffisamment le français – de mettre au point sa traduction du Livre de Mormon.

« Cet ouvrage paraîtra vraisemblablement dans le courant de l'année prochaine.

« J'ai envoyé frère Curtis Bolton en Angleterre, parmi les gens de sa race, qui l'ont bien accueilli et les lettres enthousiastes qu'il m'adresse me font connaître que son apostolat provoque des bals et

1. L'Amérique ne connaissait pas encore les gratte-ciel et de nos jours M. Taylor se serait récrié sur le petit nombre d'étages qu'ont les maisons à Paris. Pour la rue de Tournon, je la connais, elle est bien située et habitée par une population honorable. *(Note récente et anonyme d'un lecteur de la bibliothèque de Salt Lake City et peut-être du conservateur des manuscrits.)*

vous savez combien ils sont agréables aux dieux, des concerts, des excursions, des garden-parties et les jeux les plus aimables.

« N'a-t-il pas été à Jersey avec une troupe de demoiselles prêtes à devenir nos sœurs et avec quelques Saints ! et pendant ce voyage d'agrément, ce ne furent que prédications, que cantiques et qu'accomplissements des désirs de la chair selon la loi humaine et divine qui exige la polygynie d'après l'exemple des patriarches et celui de Christ qui eut trois épouses, comme on peut voir aux évangiles.

« Les vacances de frère Curtis Bolton sont maintenant achevées et, plein de zèle, il se prépare à rentrer à Paris.

« L'apôtre étant de retour, je quitterai la France pour aller visiter nos missions d'Italie.

« Mais voici quelques détails sur mon séjour ici :

« Arrivé à Paris, je me suis logé au 27 de la rue Paradis-Poissonnière, populeuse et triste à la fois, et qui, par l'accoutumance, en est venue à me plaire, bien que je sois toujours incommodé par l'air méphitique de ma chambre, très basse, comme dans un très grand nombre de maisons parisiennes.

« Quelle pitié n'éprouverait le cœur le plus endurci à l'aspect des malheurs qu'a supportés la population de cette capitale ? La succession rapide des révolutions et des émeutes ne donne pas à ce malheureux peuple le temps de se remettre des guerres et des tueries.

« Les dieux savent que nous autres, Saints-du-dernier-jour, nous sommes accoutumés aux émeutes. L'une d'elles coûta la vie à notre prophète Joseph Smith et au patriarche Hyrum son frère, dans la prison de Carthage. J'y fus moi-même grièvement blessé. Nauvoo, la Cité Belle, que nous édifiâmes de nos propres mains, nous fut ravie par les Gentils, bien des nôtres y subirent le martyre et le Temple y tombe en ruine. Mais rien ne peut donner l'idée de l'aspect désolé où je trouvai Paris lorsque j'y arrivai cet avril. Des restes de barricades, des ruines causées par l'incendie, les souvenirs des révolutions et des guerres, les éclopés des uns et des autres, tout cela me fit penser que nos plaies et nos tribulations à la recherche de ce pays de Déseret que vous nous aviez promis, que nous trouvâmes et que vous nommâtes, en souvenir d'une petite abeille surnaturelle et selon le mot qui vous fut révélé, n'étaient que de douces récréations et de pieuses bénédictions, au prix des malheurs de toutes sortes que la rage politique et l'amour mal compris de la moins démocratique des libertés ont attirés en peu d'années sur les Français et tout particulièrement sur les Parisiens.

« Je pensais que ces désolations touchaient à leur terme et entreprenant vigoureusement mon apostolat d'après l'état où frère Curtis Bolton avait laissé le sien, je pus baptiser quelques Français au n° 282 de la rue Saint-Honoré. Pour soutenir ma prédication, je fondai un journal, selon l'exemple du Prophète Joseph Smith et de vous-même, qui êtes notre nouveau Prophète. Cette feuille paraît mensuellement depuis le mois de mai : c'est l'*Étoile du Déseret* et vous approuverez certainement ce titre.

« La police n'ayant pas laissé de me tracasser comme elle a tracassé ou plutôt persécuté notre pauvre frère Curtis Bolton, j'ai résolu de ne rien traiter dans ce journal qui eût rapport avec la politique. Un des nouveaux saints, frère Dupont, qui a été témoin d'un de mes miracles, s'est trouvé être un poète fort médiocre à la vérité, mais les quelques cantiques français qu'il a composés peuvent servir en attendant mieux. Il a aidé frère Bolton dans sa traduction du Livre de Mormon et me rend service en corrigeant les épreuves typographiques.

« Dois-je ajouter que je ne révèle pas ce point de notre doctrine qui la rend si séduisante pour les jeunes hommes ? Je veux parler de la polygamie.

« Le caractère léger et moqueur des Français m'a fait craindre que, dès le début de mon apostolat, ils ne tournassent notre Église en dérision, s'ils avaient eu connaissance de la condition rituellement patriarcale de nos familles.

« Un des auteurs réputés classiques dans ce pays, M. Molière, qui a composé, il y a deux siècles, d'impayables bouffonneries, a écrit dans une pièce que j'ai entendue ces jours-ci au Théâtre-Français des vers qui m'ont indigné, bien qu'ils semblent extrêmement drôles et parfaitement sensés aux spectateurs parisiens qu'ils incitent à rire immodérément et paraîtraient comme l'expression d'une sentence légale (ou illégale *ad libitum* pour ne pas oublier notre juge Lynch, qui est une des manifestations de l'injustice même) à nos Gentils de l'Illinois, à ceux du Congrès de Washington et de l'armée des États-Unis.

« Voici ces vers de M. Molière, d'une sauvagerie digne de celle des batteurs d'estrade, des aventuriers, des éleveurs les plus grossiers de notre sauvage Far West :

La Polygamie
Est un cas pendable.

« Vers cruels, inhumains, qui semblent composés en Amérique, exprès à notre endroit, mais dont la réminiscence eût suffi à nous perdre pour toujours dans l'esprit des Français qui nous eussent alors traités comme des débauchés qu'ils sont eux-mêmes.

« D'autre part, la polygamie existe ici en fait et ainsi que je viens de l'insinuer, sous la forme de débauche.

« Le mariage, s'il demeure en France une monogamie légale, devient souvent et pour ainsi dire ouvertement une polygamie véritable, et pour le mari et pour l'épouse, par l'adultère, qui est dans cette contrée un acte à la fois grave et risible et il n'est point rare que le ridicule qu'il entraîne y devienne mortel.

« Au demeurant, si la polygamie n'est plus dans ce pays un *cas pendable* au gré de la justice, si les vers cités plus haut sont profondément bouffons plutôt que véritablement patibulaires, la loi française n'en réprime pas moins la polygamie lorsqu'elle est sanctionnée par un acte rituel ou légal ; et mon désir d'éviter de graves différends avec la police de ce pays est conforme à celui qui m'anime pour le triomphe de l'Église des Saints-du-dernier-jour puisque l'expulsion des apôtres ruinerait certainement le petit noyau de croyants qu'a pu réunir le zèle déjà constaté de frère Curtis Bolton[1].

1. Feu M. Dreckeim, le savant berlinois, qui vécut cinq ans à Salt Lake City, où il dépouilla à la Bibliothèque les papiers laissés par le regretté président Brigham Young, se permit d'aller demander à M. Taylor, qui vivait encore, pourquoi, puisqu'il craignait que la police n'ouvrît sa lettre, il y parlait si longuement de la polygamie. A quoi M. Taylor répondit qu'il en parlait à dessein afin que la police crût que de même qu'il n'était point traité de la pluralité des femmes dans *l'Étoile du Déseret,* on n'en soufflait mot dans les prédications ; il ajouta qu'au demeurant les gens instruits et les fonctionnaires de la police n'ignoraient point que, dans l'Utah, les Mormons étaient polygames. *(Noté au crayon en marge de la lettre.)*

C'est plus loin que M. Taylor manifeste sa crainte de ce fameux cabinet noir où l'on devait avoir fort à faire, s'il est vrai qu'on y ouvrait toutes les lettres. *(Noté à l'encre sous la note précédente et d'une écriture de femme.)*

« Ces choses dites, venons-en aux événements de ces derniers jours et le grand nombre de gens qui y ont perdu la vie m'assure que la mienne a été à deux doigts de sa perte.

« Ma volonté de ne pas me mêler de politique et de ne pas donner d'appréciations qui pourraient être mal interprétées au cas où l'on ouvrirait ma lettre, ainsi qu'avec raison la police le pratique, paraît-il, couramment, m'interdit de vous faire connaître mes idées sur la cause de ces événements, mais je veux vous la dire sans porter aucun jugement. Les émeutes et les révolutions dont j'avais trouvé Paris encore tout bouleversé au mois d'avril, se sont renouvelées à l'occasion d'une certaine opération gouvernementale qu'on a appelée le Coup d'État. Qu'il me suffise d'ajouter comme explication que le président de la République française, qui est un membre de la famille des Bonaparte, médite le rétablissement à son profit de la dignité impériale. Il a commencé par une manifestation d'absolutisme qui a déplu à un certain nombre de personnes de toutes les classes et particulièrement parmi les ouvriers.

« Selon les conseils que l'on m'a donnés, je ne suis pas sorti le 2 décembre ni le 3. Le 4 cependant, il fallut que j'allasse à notre imprimerie située rue Saint-Benoît, sur la rive gauche de la Seine, et, bien qu'aguerri, je ne laissai point d'être surpris par la brutalité des soldats. Un détour m'amena rue de la Paix où je vis des lanciers, soldats de la cavalerie, qui chargeaient une foule paisible, composée de gens fort bien mis, de bonnes et d'enfants de la classe aisée.

« Je pus me garer cependant et éviter d'être foulé aux pieds des chevaux, mais, en revenant de la rue Saint-Benoît, j'eus le tort de prendre un chemin qui me parut plus court que celui que j'avais suivi précédemment. J'errai ainsi de barricade en barricade et il me serait difficile de reconstituer présentement mon itinéraire dans un dédale de rues transformées par les barricades en citadelles improvisées.

« La constitution morale des nations européennes est si différente de celle qui régit les Américains que je ne sais si vous comprendrez les motifs des luttes intestines qui divisent les Français. Ici, rien n'est véritablement démocratique. L'Égalité qui est inscrite sur les façades des édifices publics n'est souhaitée par aucune classe de la population[1].

« Chez nous, tout est issu du populaire : la religion, les arts, le pouvoir et la richesse. La nation

1. Ce missionnaire, qui était observateur, ne connaissait pas bien l'humanité, puisqu'on ne souhaite l'égalité dans aucune classe d'aucune nation. La terminologie des législateurs et des politiciens est souvent en contradiction avec les passions humaines et la nature qui exigent l'ordre suivant : à chacun selon sa force, son droit, ses œuvres. *(Cette remarque crayonnée en marge de la lettre y aurait été inscrite par l'empereur du Brésil, don Pedro, lors de la visite qu'il fit à Salt Lake City.)*

américaine est une échelle dont les degrés égaux entre eux n'offrent à l'observateur qu'une différence d'élévation. Et cette parabole demeure aussi véritable dans le monde spirituel que dans le monde matériel. De temps à autre on retourne l'échelle et rien n'est changé.

« En France, au lieu d'une seule échelle, on en trouverait plusieurs destinées à gravir la même cime. Chaque classe de la population, pour m'exprimer d'une manière plus directe, forme ici un État dans la nation, un État avec son aristocratie, sa bourgeoisie et sa plèbe ; les arts sont organisés en cette guise et ne connaissent pas cette unité démocratique que l'on admire chez nous ; les sciences et les métiers sont divisés selon ce système. L'art de la guerre n'est pas compris autrement. La science des fortifications même a trouvé, chose invraisemblable, une application plébéienne dans la barricade, et, tandis que les guerriers savants, portant très haut l'enseignement qu'ils tiennent des ingénieurs italiens du XVe siècle, continuent d'appliquer leurs connaissances au perfectionnement des fortifications, le peuple a inventé la barricade, forteresse improvisée et imprévue, faite de pavés, de poutres, de tonneaux, d'omnibus renversés, de paniers et de matelas. Ces remparts montent parfois jusqu'à la hauteur d'un deuxième étage et il est arrivé que les défenseurs de ces informes amas de débris et de matériaux disparates aient eu raison des troupes régulières et de l'artillerie.

« Chez nous, le peuple s'appelle tout-le-monde : millionnaires, cultivateurs, journalistes, aventuriers et marchands de bétail ; on n'excepterait guère que les gardiens de troupeaux de moutons, les nègres et les Indiens, les derniers sont des ennemis bénis que nous supplantons sur leur propre sol, tandis que les premiers ne font pas partie de l'humanité.

« Ici, le peuple n'est formé que par les criminels, les pauvres gens, les ouvriers, les étudiants, les représentants, les artistes et les gens de lettres. Et il a parfois de terribles colères ! Le gouvernement en a eu facilement raison, en l'occurrence, mais le sang a coulé abondamment.

« Je ne vous donnerai point le détail des barricades qu'il m'a fallu visiter le 4 de ce mois en tentant de revenir à mon logis. La topographie de Paris ne vous est pas familière et ces explications vous seraient inutiles. Qu'il me suffise de vous dire que dans une seule voie nommée rue Rambuteau, que j'ai dû suivre, bien qu'elle m'éloignât de chez moi, j'ai compté jusqu'à douze barricades.

« Ailleurs, devant une grande barricade barrant la rue Saint-Denis, à la hauteur de la rue Guérin-Boisseau, j'ai été pris pour un homme de la police, "un mouchard[1]", selon le mot populaire. Je n'étais

1. En français dans le texte.

pas fort rassuré et malgré ma qualité d'Américain que je tentais en vain de faire constater, les émeutiers m'auraient fusillé si un représentant, illustre comme poète, M. Victor Hugo, n'était intervenu. Il m'interrogea et, après s'être enquis longuement des chutes du Niagara, des pilotis de Mexico, des coutumes des Osages et du cours de l'Orénoque, il me fit relâcher, et devant les émeutiers qui l'écoutaient avec respect, il me dit textuellement : "Sage citoyen des États-Unis d'Amérique, vous témoignerez dans votre libre République des efforts que les Parisiens, ce peuple de Titans, accomplissent ici pour cimenter la proche fraternité des États-Unis d'Europe."

« Là-dessus, il me quitta après m'avoir serré les deux mains, et l'on m'enferma dans une pharmacie que les émeutiers avaient transformée en fabrique de poudre.

« D'après ce que m'a dit le président de la République vénitienne, M. Manin, lors de la visite qu'il me fit, il y a environ trois mois, et où il se montra curieux des choses du mormonisme, ce M. Victor Hugo vivrait, autant que faire se peut à Paris et sans entraîner le scandale, d'après les principes admis par notre Église et notamment en ce qui concerne la polygamie.

« Après quelques instants qui me parurent interminables, on me permit de m'éloigner. De barricade en barricade, parmi les morts et les blessés, malgré les soldats dont j'évitai les baïonnettes et les projectiles, je me retrouvai, je ne sais comment, sur le "boulevart[1]" où la boucherie était horrible.

« Les soldats massacraient tous ceux qu'ils rencontraient et les cris d'"Assassins", d'"A bas Bonaparte", de "Vive la République", les commandements des officiers, les lamentations des mourants, le crépitement de la fusillade, le tonnerre du canon se mêlaient, formant une musique effrayante. Je pensai qu'il se pouvait très bien que ma dernière heure approchât et je songeai d'abord à me réfugier dans une boutique, mais la plupart étaient fermées et, voyant dans celles qui étaient restées ouvertes des cadavres de commerçants, je connus par là qu'il n'y avait pas de refuge que les soldats respectassent. Je n'osai pas m'enfoncer dans les rues étroites qui conduisaient chez moi. Je craignais de tomber encore une fois auprès de quelque barricade ; cela me paraissait aussi dangereux que d'être exposé à la brutalité des soldats.

« Là-dessus, il se mit à pleuvoir et la boue qui se forma rapidement était rouge de sang par endroits. Quelques passants, émeutiers voulant gagner leur barricade, se hâtaient, parfois courbés pour échapper aux projectiles ou fiers et défiant par des cris pleins d'insolence la force armée. Toutefois ils ne s'arrêtaient point, désireux d'éviter l'arrivée des

1. En français dans le texte avec cette orthographe surannée.

soldats dont deux troupes venaient en sens contraire. Pour ma part, certain de ne pas leur échapper, je me préparai à mourir. À ce moment, une troupe de jeunes gens et de jeunes femmes, mis avec élégance, passèrent près de moi en riant. J'eus l'idée de les suivre, car ils semblaient peu se soucier de l'émeute et même se croire à l'abri des dangers ; mais tout en riant et en plaisantant, ces débauchés, – car ils n'étaient pas autre chose, – se retournèrent et m'écartèrent à coups de canne, disant :

« "Passe ton chemin, bonhomme, nous ne sommes pas de ton bord."

« Et l'une des jeunes femmes qui s'était aussi retournée, ramassa une bouteille vide qui se trouvait à ses pieds, près d'un shako et d'un soldat mort, et me la jeta avec violence en criant :

« "Dépêche-toi donc, Paméla, et prends garde à ce socialiste."

« En même temps, la bouteille m'atteignit au front, m'étourdissant et me blessant au-dessus du sourcil droit. Aussitôt, j'entendis une voix douce qui me disait :

« "Pauvre homme, votre sang coule."

« Et voici près de moi un remuement de soie tandis qu'une main délicate étanchait avec un mouchoir parfumé le sang de ma blessure.

« Je crus d'abord que c'était l'ange Moroni qui se manifestait sur le champ de bataille et venait pour sauver un des fidèles de Joseph. Mais les débauchés sans pitié qui dans ce jour de deuil se hâtaient vers quelque cabaret, Rocher de Cancale ou autre, pour festoyer et se réjouir des malheurs populaires, criaient encore en s'éloignant : "Paméla, rejoins-nous vite, les soldats arrivent", me firent comprendre qu'il n'y avait point près de moi d'ange Moroni, mais seulement cette Paméla retardataire que ses compagnons appelaient tout en ne se risquant plus, malgré leur insouciance, à venir la rechercher dans le lieu dangereux où elle se tenait volontairement pour me secourir. Les bataillons arrivaient en courant, rythmant leurs pas, et le bruit cadencé que faisaient leurs pieds s'approchait sinistre comme une danse macabre.

« L'ange Paméla ne s'en souciait pas et je pensai que j'allais mourir avec elle. Cette fin romanesque m'enthousiasma un moment et je songeai à crier, lorsque les baïonnettes m'atteindraient un "Vive la République !" qui, destiné dans ma bouche à glorifier légitimement nos États-Unis, devait paraître (et c'était là une plaisanterie mortuaire que je trouvai excellente) aux soldats qui allaient devenir mes bourreaux, une apologie *in extremis* du régime populaire contre lequel ils combattaient.

« Mais la main qui avait essuyé ma face me prit le poignet et m'entraîna, je distinguai confusément les uniformes des militaires et la silhouette angélique de la femme qui m'avait secouru ; elle tenait maintenant de la main gauche le mouchoir taché de mon sang et ce linge me fit songer au Christ et à Sainte Véronique. Cette édifiante pensée m'occupa le temps que nous mîmes à traverser le "boulevart[1]" et à gagner juste à temps pour n'être pas la proie des soldats, une rue adjacente.

« Vous venez de lire, frère Brigham, comment j'échappai pour ainsi dire miraculeusement à la fureur disciplinée des militaires et je vous prie d'excuser la digression qui suit à propos des femmes françaises.

« On pourrait dire d'elles ce que je vous écrivais naguère au sujet des prêtres catholiques. Ils valent mieux que ceux de n'importe quelle religion et nulle part, sauf dans notre Église, on ne rencontre autant de saints. Rien d'étonnant puisque le catholicisme est la vraie religion qui a succédé au mosaïsme et qui a détenu la vérité jusqu'à l'apparition de l'ange Moroni à Joseph Smith. Et j'ai été bien souvent charmé par les vérités que les prêtres catholiques s'efforcent de propager avec un courage et une bonne foi inexprimables.

« De même les femmes : elles sont ici excellentes comme santé, travail, courage, grâce, goût, douceur et bonne humeur et celles qui s'écartent de cette retenue qui convient au beau sexe y sont

1. En français dans le texte.

plutôt amenées par les vices des institutions que par leurs propres penchants.

« Nulle part la polygamie ne serait peut-être aussi utile qu'ici où l'on a complètement perdu la notion du mariage. La liberté dans l'amour apparaît comme un droit incontestable à beaucoup de socialistes et la polygamie est admise par Fourier même et dans le mariage et aussi dans le célibat, par l'institution éminemment immorale du bayadérisme.

« La polygamie est la santé pour l'homme et pour la femme, elle supprime la prostitution, les malheurs et les maladies qu'elle entraîne ; elle augmente la majesté de l'homme, en satisfaisant son goût inné pour la domination. Cette constitution patriarcale conviendrait parfaitement dans ce pays qu'elle régénérerait en y résolvant peut-être la question sociale, supprimant ces luttes intestines, ces idéologies malsaines qui appauvrissent les corps et les esprits. Au lieu de cela, l'adultère en créant une polygamie clandestine, la prostitution en faisant de l'acte de chair une chose honteuse, détruisent le bonheur que l'homme éprouve à procréer, entraînent les hommes à des folies, jettent sur la terre de misérables enfants sans famille, sans destinée et voués au mépris pour leur illégitimité.

« La femme qui m'avait entraîné me fit courir longtemps. Nous nous trouvâmes enfin devant une maison et, prié de monter, je suivis mon sauveur dans un appartement élégant et celle qui m'y avait gracieusement introduit me dit :

« " Mon père et mon frère sont des ouvriers. Ils se battent contre la tyrannie. C'est pourquoi mon cœur a été ému en vous voyant blessé par cette grande lâche de Berthe. Je résolus aussitôt de vous sauver. N'êtes-vous pas représentant ? "

« Je fis connaître à cette personne ma qualité d'Américain et de missionnaire mormon et elle parut vivement intéressée, me disant :

« " J'ai été enfant de Marie... c'était le bon temps. "

« Et je compris que cette jeune femme vivait dans la perdition et qu'elle songeait avec regret à ses années d'innocence. Je pensai aussitôt qu'elle serait une excellente Mormone et que, les Françaises étant rares parmi les Saints, vous ne seriez pas fâché d'avoir parmi vous un spécimen féminin de l'ingénieuse race des Français auxquels la civilisation doit tant et dans tous les domaines. J'endoctrinai cette lorette et je revins chaque jour dans ce quartier Bréda où elle loge, lui montrai que le bonheur l'attendait à Great Salt Lake City, que nous possédions la vraie doctrine, qu'elle aurait un mari aimable, que les Mormones étaient instruites et bien élevées, que nous aimions les bals, la musique et les représentations théâtrales, que l'on s'efforçait à Salt Lake City de suivre la mode de Paris et que, parisienne, son goût la ferait sur ce point dominer toutes nos sœurs. Enfin, soit le mariage, soit les détails de notre luxe, Mme Paméla m'écouta, jouant avec ses repentirs et réfléchissant. Je sus qu'elle avait demandé conseil à sa portière et que celle-ci s'était vivement opposée à mon projet. Des amies de Paméla la dissuadèrent de m'écouter, mais elle eut le bon sens de demander l'avis de son père, ouvrier fort écouté dans les faubourgs et moins connu sous son nom de Monsenergues que sous le surnom de Parisien dit la Couronne des Amours. Ce digne homme s'étant rendu chez sa fille l'exhorta à la vertu. Il déplorait la faiblesse qu'il avait montrée en n'immolant pas son enfant le jour où, entraînée par l'amour du plaisir et du luxe, elle avait échappé à l'autorité paternelle pour vivre dans la perdition.

« J'écoutai les larmes aux yeux cet homme rude et sensible dont les mains calleuses avaient des gestes caressants.

« Ayant su ce que je conseillais, il s'exalta, me parla avec éloge de l'Amérique d'après ce qu'il en savait, du Champ d'Asile, des généraux à la Cincinnatus. Il engagea sa fille à suivre mes conseils. Ayant déploré les événements politiques qui venaient d'avoir lieu et auxquels il avait été mêlé, il m'exprima son indignation parce que la tyrannie avait proscrit un homme qu'il tenait en haute estime, nommé Agricol Perdiguier, dit Avignonnais la Vertu.

« Cette entrevue décida Paméla Monsenergues à faire ses bagages, à vendre ou distribuer tout ce qui aurait été un embarras en voyage et dans notre pays, et j'ai le plaisir de vous annoncer que cette demoiselle a décidé de se joindre à une troupe de saintes qui partira avant peu pour l'Amérique, sous la conduite de frère Lorenzo Snow. Il s'y trouvera quelques Anglaises, des Danoises, des Norvégiennes, une Française et une famille suisse tout entière. Frère Lorenzo Snow, qui ramène une nouvelle épouse dans son foyer de Salt Lake City, a décidé d'accompagner la caravane.

« Je regrette de ne pouvoir vous envoyer plus de Françaises. Mais vous vous contenterez du troupeau de génisses que j'achemine vers vous et les puissants taureaux de nos étables sacrées les féconderont avec délices pour que s'agrandisse, dans la paix et le bonheur, le précieux domaine que les dieux ont commis à la garde de frère Brigham, notre prophète.

« Pour terminer cette lettre, je dois vous annoncer qu'un pasteur anglican vient de faire paraître un livre où implicitement il s'efforce de donner un démenti aux vérités ethniques qui forment le fond de notre religion et qui avant ce siècle ont été proclamées par les écrivains catholiques, détenteurs de toute la vérité, jusqu'à l'apparition de l'ange Moroni à Joseph. Ce pasteur, dans son voyage d'Asie, s'étant trouvé chez les Nestoriens, prétend avoir reconnu en eux les représentants de dix tribus d'Israël dont on avait perdu les traces historiques jusqu'au jour où le Livre de Mormon a prouvé qu'ayant émigré en Amérique, il ne restait aujourd'hui qu'une faible partie d'une des nations issues d'elles et la plus mauvaise, celle des Lamanites, juifs punis de Dieu, mais qui n'en sont pas moins les derniers représentants de son peuple, c'est-à-dire la race rouge que nous respectons. Cet ouvrage, plein de mauvaise foi, ne fait même pas allusion à nos vérités et sa publication a été pour moi une nouvelle occasion de reconnaître l'infernale ignorance et l'outrecuidante méchanceté de ces sectes que l'iniquité a suscitées sur la terre. Au contraire les prêtres catholiques ont connu la vérité par révélation avant la révélation complète des plaques à Joseph Smith qui estimait grandement le catholicisme. Ils vivent avec dignité, avec désintéressement et sont pleins de sanctification. Ils étaient les gardiens de la vérité et notre Église n'est au catholicisme que sa continuation moderne et adaptée aux nouvelles révélations.

« J'appelle votre sollicitude sur mon foyer et vous prie, selon une révélation, de ne point hésiter à me substituer un remplaçant auprès de mes épouses si cela était nécessaire pendant mon absence.

« Pénétré de respect, je suis vôtre

FRÈRE JOHN TAYLOR, le martyr. »

*

Elvire s'arrêta et ses yeux interrogeaient ce soi-disant Pont-Euxin qui se faisait saigner les doigts en s'arrachant les peaux autour des ongles et le vieux Mahner qui lui dit : « Je me souviens parfaitement du martyr John Taylor, de Lorenzo Snow et de votre grand-mère Paméla. Si vous avez le temps, je vais évoquer devant vous son histoire. Nul autre que moi ne pourrait vous la raconter.

« J'étais enfant alors, mais les enfants vivaient dans une promiscuité pleine de liberté. Nous étions observateurs, mais n'étions pas innocents. Ma mère, qui mourut là-bas, était une des onze femmes de Robin Furmesneare ; mais ce n'est pas l'histoire de ma mère que vous attendez de moi, c'est celle de votre grand-mère. Écoutez-moi, si je vous fatigue, dites-le-moi, car je ne serai pas bref, heureux de m'étendre sur un sujet si singulier et dont j'ai rarement l'occasion de parler.

– C'est entendu, dit Elvire, dites-moi tout ce que vous savez touchant ma grand-mère. Je crois qu'elle devait me ressembler.

– C'est vrai, répliqua le vieil Otto après l'avoir attentivement regardée, mais elle avait l'air boudeur et insolent à la fois, tandis que vous avez surtout l'air renfermé.

– Comme je l'aime, s'écria Elvire, et comme elle était heureuse de vivre en une époque aussi pleine d'imprévu.

– Ne vous plaignez pas. En fait d'imprévu, vous me semblez bien servie, la Russie, les grands-ducs, la peinture et la guerre ! que vous faut-il de plus ?

– Ce n'est pas la même chose, observa Elvire. Pour étonnante qu'elle paraisse, ma vie n'en est pas moins terre à terre.

– Vous êtes bien difficile ! conclut le Pont-Euxin, et vous ne savez pas goûtez l'existence. »

Et il se tourna vers le vieillard pour l'inviter à commencer son récit.

IV

« C'était dans l'Utah, dit le vieil Otto Mahner, sur la place qui occupe le centre de la Grande Ville du Lac Salé, vers trois heures de l'après-midi. La caravane avait apparu d'abord comme les petites fumées d'une fusillade. Elles se condensèrent en de nombreux points noirs, nés à l'horizon, d'où ils serpentaient comme une procession de fourmis. Le cortège avait vite grandi ; près des fourgons recouverts de toile, des charrettes, des piétons, hommes et femmes, chargés de fardeaux, se montrèrent des silhouettes de cavaliers armés, et on entendit les clameurs des gens, le grincement des roues, le hennissement des chevaux.

« Puis, par groupes, se succédant sans ordre, à intervalles, les piétons, les cavaliers, les attelages étaient entrés dans la capitale des Saints-du-dernier-jour.

« Après une traversée de cinq mois, sans la vue d'aucune terre que le sombre roc du cap Horn, une troupe d'émigrants avait débarqué en Californie pour se joindre aux sectaires polygames de l'Amérique. Il avait fallu voyager péniblement à travers le grand désert de sel et tous : hommes et femmes, descendus des chevaux, sortis des fourgons, regardaient, assis sur le sol, la cité bâtie en amphithéâtre contre les monts Wasatch dont les neiges éternelles se coloraient délicatement de rose tendre et de vert pâle. Ces voyageurs poudreux, ces jeunes filles inquiètes et amaigries attendaient le retour de l'apôtre, Lorenzo Snow, qui s'était rendu chez le Prophète, et la fatigue leur imposait le silence.

« De larges rues sortaient de la place et, régulièrement espacées, des maisons de bois se carraient dans des vergers pleins d'abricotiers et de pêchers couverts de fruits.

« Autour de la place, d'élégantes boutiques de modistes, de luthiers, de grainetiers, de marchands de tabac, de spiritueux, de produits comestibles, d'instruments aratoires, annonçaient leurs marchandises sur des enseignes multicolores et la plupart d'entre elles, pour marquer que le commerçant était mormon, portaient la figure d'un œil peint en bleu.

« Il y avait aussi des comptoirs de changeurs et dans des pots violets, devant un hôtel, de petits orangers arrondissaient leur mappemonde de feuillage.

« Bientôt, pour examiner les émigrants, tous les boutiquiers vinrent sur le pas de leur porte. Les uns fumaient la pipe, d'autres chiquaient et lançaient parfois sur le sol un long jet de salive mordorée ; quelques-uns enfin, un canif dans la main droite, taillaient à petits coups un morceau de bois qu'ils tenaient dans la main gauche.

« Des enfants peu à peu entouraient les nouveaux venus et minces, l'air vicieux, les petits garçons donnaient la main aux fillettes, leur prenaient la taille, les embrassaient effrontément en bavardant, en riant, en faisant des grimaces à l'adresse des voyageurs.

« Une de ces petites filles fumait la cigarette, l'écartant après chaque bouffée, qu'elle expirait les yeux fermés. C'étaient les premiers nés de la ville naissante.

« Cités ! vous êtes les monuments les plus sublimes de l'Art humain. Le mouvement indéfini de la marche humaine s'élève vers l'immobilité infinie. La lassitude fait souhaiter au monde le repos plein d'activité de la vie végétative. Des vagabonds s'arrêtent et, se tenant les uns près des autres comme les arbres dans la forêt, ils plantent des racines spirituelles, leurs maisons se dressent, la ville projette ses ombres. Et l'unité merveilleuse du nouvel établissement, avec ses tours et ses demeures, ses aqueducs et ses cloaques, ses architectes et ses pontifes, apparaît tout entière dans le nom de la cité.

« Ces enfants jouaient au soleil et on ne leur

avait pas enseigné la pudeur. Ils vivaient dans une société où la religion honore et prescrit l'œuvre de chair et les sérails paternels exaltaient leur concupiscence.

« Trois Indiens sortirent fièrement d'un débit de boissons. C'étaient des Utes, vêtus de vieux pantalons, coiffés de bonnets en fourrure de vison et chaussés de mocassins précieux qu'ornaient des perles en verroterie blanche et verte, et un mouchoir rouge était noué à leur cou nu. Ces Peaux-Rouges marchaient avec dignité, sachant qu'on les regardait comme le reste des Lamanites, dernière nation issue des dix tribus d'Israël qui furent perdues après la captivité de Babylone et dont le Livre de Mormon renferme l'histoire, la grandeur et les malheurs sur le continent américain.

« Ils formaient la noblesse de la nouvelle cité où, en faveur de leur origine, on les laissait vivre pouilleux, débauchés et misérables. Et les traditions qu'ils observaient encore, malgré leur décadence morale, avaient servi de modèle aux réformateurs mormons.

« Soudain la place s'anima avec violence. Les gens de la caravane se levèrent et le peu d'hommes qui en faisaient partie s'en écartèrent pour se mêler à la foule qui de toutes parts envahissait la place. Il ne resta près des chariots que des femmes qui parlaient entre elles, se brossaient l'une l'autre, se recoiffaient avec coquetterie pour se montrer avec tous leurs avantages. C'étaient des Anglaises bien prises dans des pantalons mexicains très larges par le bas et ornés sur la couture d'une bande de cuir frangé. C'étaient encore des Danoises, des Norvégiennes, qui, par pudeur, n'avaient pas osé mettre des vêtements d'hommes. Elles paraissaient prétentieuses et misérables avec leurs jupes tapageuses, maintenant défraîchies par le voyage, les volants s'étaient déchirés, les cerceaux de crinoline s'étaient rompus. Une jeune Suissesse était plus ridicule encore, en atours démodés qui dataient d'avant 48, et sur la tête elle portait un bibi microscopique. Une de ces femmes enfin, celle-là même qui vous intéresse, Elvire, votre grand-mère, Paméla, vêtue en matelot, le béret posé sur ses cheveux dépeignés, ne semblait pas gênée de sa mise et, les mains dans les poches, regardait hardiment le peuple qui grouillait sur la place et paraissait se grouper en deux assemblées qui ne voulaient point se mêler, malgré que la turbulence des enfants les parcourût l'une et l'autre.

« Les Indiens s'étaient assis au milieu de la place et, dédaignant le tabac, ils fumaient leur kinikinik dans de précieuses pipes en terre rouge.

« Près d'eux vinrent se ranger des personnages vêtus de longues robes blanches ; ils étaient coiffés de tiares, également blanches à cimes rondes et enflées. C'était la troupe vengeresse des Danites.

« Ils défilèrent sur la place de l'Union avec des fusils à crosse plaquée d'argent niellé. Sur le visage ils portaient un loup de soie verte et sous les trous ménagés à l'endroit des yeux, tremblaient des larmes d'or. Leurs gants d'antilope étaient enrichis aux poignets de petits morceaux d'or natif, de coquillages minuscules et leurs mocassins étaient entièrement recouverts de plumes multicolores qui formaient des motifs décoratifs dont les teintes contrastaient délicatement et derrière les Indiens qui fumaient assis sur le sol, les Danites merveilleux se tinrent immobiles et les cortèges d'épouses traversèrent la place en tous sens et il en montait des paroles passionnées où l'on aurait pu distinguer les mots d'Exterminateurs, d'Anges, d'Amour, d'Éternité, de Musique, de Mort, de Vengeance, de Baisers et d'Esclavage.

« Alors arrivèrent des gens de toutes races : c'étaient des Scandinaves en culottes avec des bas à raies blanches et bleues et à l'oreille droite ils avaient tous un anneau d'or. C'étaient des Russes en blouse rouge, cheveux longs, coiffés de casquettes vertes à longue visière descendant à angle très aigu sur les yeux. C'étaient des Anglais étalant leur barbe en collier, moustaches rasées, c'étaient des Américains au visage glabre, une patte de cheveux leur descendait jusqu'à la hauteur du lobe de l'oreille, c'étaient quelques Juifs vêtus de longues houppelandes et très barbus. C'étaient des Allemands à casquettes de drap et dont beaucoup avaient des lunettes. Tous étaient mormons et leur cortège se rangeait autour des Danites et des Indiens accroupis. Il se mêla aussi à eux une femme Ute, hideuse à voir tant elle était ridée et, sur ses épaules nues, sur son visage, sur sa tête, des plaies pustuleuses étaient couvertes de mouches qui en suçaient la sanie sanguinolente.

« Puis ce furent encore des Mormons de toutes races, les uns engoncés dans leurs cols évasés avec des cravates élégamment nouées, des redingotes bien coupées et d'autres pauvrement mais proprement vêtus.

« Il vint aussi, conduit par deux petits enfants, un aveugle tremblant aux pieds nus ; il n'était vêtu que d'un pantalon et d'une chemise et à ses poignets il portait des bracelets de cordes que l'on avait enfilées dans des pépites d'or percées. A son cou, il portait un collier de la même sorte et une ceinture pareille lui entourait la taille. Et cet aveugle était l'homme qui, en 1840, avait découvert l'or en Californie. On disait que depuis ce jour il s'était mis à trembler de fièvre. Et cette fièvre de l'or, il l'avait communiquée au monde entier. On disait encore qu'il avait été aveuglé par l'éclat de l'or et, riche, pourvu de femmes et d'enfants, il venait chaque jour sur la place de l'Union raconter son histoire :

« "Je revenais de la guerre du Mexique pour

rejoindre les Saints. Je traversais à pied la Californie, travaillant un jour ici, marchant le lendemain et m'embauchant chaque fois que mes ressources étaient épuisées... Un jour, je travaillais pour le compte de l'ancien capitaine des Suisses du roi de France Charles X, je pensais à mes frères, à mes femmes et je me penchai pour me laver dans le ruisseau qui faisait tourner le moulin et je trouvai une pépite. Je ne m'y trompai pas. J'en avais vu chez un changeur de Frisco. J'ai caché ma découverte pendant plusieurs semaines, puis tout s'est su, mais je m'étais enrichi pendant ce temps et c'est moi qui sauvai de la banqueroute notre nation et je fus l'instrument que les dieux avaient choisi pour que soit accomplie la prophétie de Joseph Smith, quand il prédit que les billets qu'il avait émis et dont on ne voulait pas, vaudraient un jour autant que de l'or. C'est moi qui ai trouvé tout l'or de notre monnaie, la plus précieuse qui soit, puisqu'elle est en or pur. Et aucun Mormon n'a plus droit aujourd'hui d'être chercheur d'or."

« Et les pépites sacrées qu'il portait sur soi lui donnaient un aspect sauvage.

« Dans l'autre assemblée se mêlaient des Gentils qui habitaient la ville mormone. On y voyait, comme parmi les Mormons, des gens de toutes les races, des Américains, des Hollandais, des Italiens, des Mexicains. Il y avait en outre des nègres, beaucoup de Chinois, quelques Hawaïens et des Japonais. C'étaient des familles entières de monogames, des trappeurs, des batteurs d'estrade, des desperados de la frontière mexicaine, des missionnaires catholiques et de diverses sectes, des déserteurs de diverses marines européennes, échappés pendant une escale en Californie, attirés par la prospérité de la nouvelle ville. Hommes et femmes regardaient avec une sorte de mépris l'assemblée des Mormons et le campement des femmes nouvelles venues et au milieu des Gentils se promenaient en riant, en parlant fort, avec des mines pleines d'affectation, avec des gestes maniérés, avec de grands airs, une démarche noble et aisée, une troupe d'histrions qui devait jouer le soir au théâtre. Et cette actrice si mince, si blonde, si majestueuse, qui marchait en tête, avait une robe à traîne que portait derrière elle le directeur de la troupe, petit bossu en frac noir et chapeau haut de forme, souriait aux jeunes filles et à coups d'éventails écartait les hommes qui ne se rangeaient pas assez vite sur son passage. Elle s'arrêta lorsque ses camarades, acteurs et actrices, à l'aide de grands cris et de longues déclamations, l'eurent détournée d'aller s'égarer devant les assemblées parmi les cortèges d'épouses qui ne cessaient d'arriver.

« C'étaient les femmes de l'elder Lubel Perciman. Elles étaient au nombre de quatorze, toutes vêtues de robes en faille noire avec des volants de dentelle couleur feu. Elles portaient le nom de leur mari et se distinguaient par leur prénom. C'étaient encore les épouses du Lion du Seigneur, le Prophète Brigham Young. Il y en avait vingt-quatre, dont la plus jeune avait treize ans, tandis que deux avaient dépassé la trentaine, ayant l'une trente-huit ans et l'autre cinquante-quatre ans. On les distinguait par des numéros d'ordre et l'épouse n° 19, qui avait vingt-quatre ans, ne cessait de se tourner passionnément du côté des Danites. Elles étaient toutes très élégantes et portaient des bijoux de prix. C'était aussi la troupe sévèrement habillée des vingt-deux femmes du Cep de Chanaan, Walter Ruffins. Leurs robes grises traînaient dans la poussière, elles étaient coiffées de grands chapeaux de feutre noir sans ornement et dont la calotte affectait la forme de gibus très bas tandis que, très larges et recourbées devant et derrière, les ailes s'étrécissaient sur les côtés. Il y avait les onze femmes du Soleil de Perfection, Robin Farmesneare. L'une portait un vêtement de laine rouge, c'était ma mère, deux avaient des robes de soie puce, deux autres avaient des jupes de toile blanche empesée avec des canezous jaunes à bretelles roses, quatre avaient des jupes courtes, qui bleue, qui verte, avec un grand nœud écossais à rayures jaunes, noires et rouges sur le derrière, la dernière enfin avait une robe en soie de couleurs changeantes, à taille courte ; leurs cheveux étaient épars et elles portaient sur la tête de petits diadèmes indiens en plumes blanches et rouges. Elles portaient le nom de leur mari précédé de leur nom paternel. Toutes onze étaient enceintes et leur grossesse à toutes paraissait avancée. Leurs ventres énormes se balançaient devant elles et leur donnaient une noble apparence.

« D'autres troupes de femmes se pressaient derrière elles. Comme des rivières houleuses, elles coulaient de toutes les rues et maintenant partout où les regards des émigrantes pouvaient se porter on ne voyait plus que des femmes et presque toutes étaient enceintes. Elles étaient si nombreuses que l'on n'apercevait plus derrière elles ni l'assemblée des Mormons, ni celle des Gentils. Et, peu à peu, il y eut tellement de ces femmes enceintes qu'il parut n'y avoir sur la place de l'Union que leurs ventres énormes qui remuaient comme les petites vagues d'un lac sur lequel flottaient comme des bouchons de petites têtes aux visages enlaidis par la grossesse.

« Et les émigrantes s'étonnaient que tant de fécondité se manifestât après la stérilité du désert de sel. La religion qu'elles avaient embrassée en Europe peu de mois auparavant était celle de la fécondité. Puis, se mêlant à la troupe des femmes étrangères, les fécondes matrones vantaient leur bonheur, décrivaient les joies de leur foyer, louaient la force et l'intelligence de leur époux :

« "Venez avec moi, jeune fille, nous sommes déjà

quatre épouses et nous vivons en commun auprès de notre époux. Venez partager nos tendresses communes. Nos enfants sont encore petits, ils ne sauront jamais laquelle d'entre nous est leur mère et leur piété filiale nous entourera toutes cinq."

« "Venez avec moi, ô jeune fille, cinq épouses vivent à la maison et notre mari a trois femmes encore, deux qui ont vécu jadis et une qui naîtra dans trois siècles."

« "Venez avec moi, ô jeune fille, vous serez féconde dans la maison de la fécondité. Notre nation couvrira le monde et ce sera le temps, alors, de la félicité."

« "Venez avec moi, ô jeune fille, mon mari a quinze femmes et vous serez la plus choyée étant la plus belle."

« "Venez avec moi, ô jeune fille. Nous sommes vingt épouses et chacune a son foyer dans un verger plein de fruits et notre mari nous visite à tour de rôle."

« "Venez avec moi, ô jeune fille, je suis venue aussi d'Europe, un jour. J'avais perdu mon seul amour. Et c'est ici la ville sans amour. Et quel bonheur est semblable à celui de la chair satisfaite quand l'esprit ne peut plus connaître la jalousie ?"

« Et ces épouses enceintes voulaient séduire les Européennes pour les amener à leur mari. Elles parlaient avec enthousiasme de leur bonheur sans amour, sans jalousie. Et presque toutes avaient oublié d'anciens serments de tendresse.

« Les ventres de ces femmes prophétisaient la grandeur de la nation. Leur descendance pullulerait par le monde.

« Plusieurs épouses à chaque foyer s'encourageaient l'une l'autre, s'aidaient, se soignaient mutuellement, s'entendaient pour que l'époux, libéré des inquiétudes de la chair par la variété des satisfactions, pût se consacrer à ses entreprises de richesse, tandis que la fécondité de ses femmes augmentait l'activité de l'homme au fur et à mesure que grandissaient les besoins du ménage.

« Sur la place de l'Union, il y avait maintenant trois assemblées : celle des Gentils à laquelle étaient mêlés les hommes inférieurs, les nègres, les jaunes et toute la population farouche des aventuriers ; l'assemblée des Mormons avec les Lamanites qui avaient oublié qu'après sa résurrection Christ vint prêcher sur la terre américaine et enfin l'assemblée des femmes où la fécondité des Mormones étalait son faste et ses promesses d'avenir aux yeux des Européennes.

« À ce moment, la place entière s'agita, les têtes se tournèrent vers une large avenue où une petite troupe d'hommes s'avançaient majestueusement. Ils étaient vêtus de noir et coiffés de chapeaux haut de forme. C'était le Conseil des douze : Weber C. Kimball, le Héraut de la Grâce ; Perley P. Pratt, l'Archer du Paradis ; Orson Hyde, la Branche d'Olivier d'Israël ; Willard Richards, le Gardien des Archives ; William Smith, la Crosse patriarcale de Jacob ; Wilfred Woodruff, la Bannière de l'Évangile ; George A. Smith, l'Entablement de la Vérité ; Orson Pratt, la Jauge de la Philosophie ; John Page, le Cadran solaire ; Liman Wight, le Bélier sauvage des montagnes. Il manquait le Champion du Droit, John Taylor, qui voyageait en Europe. Et, fermant la marche, venait le Lion du Seigneur, Brigham Young lui-même, que l'on comparait à saint Pierre ; c'était le second prophète du mormonisme, le fondateur de la nation nouvelle et qui portait le titre de Président des Saints-du-dernier-jour. Il parlait familièrement avec Lorenzo Snow, l'elder qui était venu d'Europe pour accompagner les néophytes.

« À l'aspect des illustres personnages, les Mormones se réunirent en troupes et, laissant là les émigrantes, elles allèrent grossir la foule de l'assemblée des Saints. Lorenzo Snow présenta au Prophète les sœurs nouvelles et les émigrants qui avaient été se mêler aux Gentils revinrent et on les présenta aussi et plusieurs unions furent scellées entre des émigrantes et des Mormons qui vinrent les demander. On scella aussi deux unions entre un émigrant et deux de ses compagnes de voyage. Le Prophète lui-même augmenta son harem d'une Norvégienne qui ne cessait de rire et de rougir, d'une Anglaise hardie dont les formes enflaient bien le vêtement mexicain et d'une Hongroise aux yeux gris qui n'avait pu apprendre un mot d'anglais pendant le voyage, tandis que ses compagnes norvégiennes, allemandes, danoises, italiennes, suisses et même cette Française unique que l'on avait pu emmener, s'y étaient vite mises.

« Ces émigrants et ces émigrantes étaient mariés maintenant. Il ne restait plus que cette Française, vêtue en matelot. Elle avait refusé, les uns après les autres, tous les Mormons qui lui demandaient sa main ; le Prophète lui-même lui avait demandé d'entrer dans son harem, elle l'avait repoussé comme les autres. Brigham Young l'avait regardée un moment avec attention, puis il l'invita à venir dans sa demeure jusqu'au jour où elle voudrait se marier. Les émigrants et les émigrantes allèrent tous se ranger dans l'assemblée mormone ; les anciennes épouses accueillirent avec joie leurs sœurs nouvelles ; les dignitaires du Conseil des douze allèrent se ranger aux côtés de leurs femmes et il n'y eut plus alors que deux assemblées, celle des Gentils et celle des Mormons et Brigham Young était devant elles, ayant près de lui, accroupie, cette Française capricieuse, qui regrettait maintenant trois chambres sombres, remplies de fanfreluches et de bibelots, dans une rue montante à Paris et les quadrilles du bal de la Grande Chartreuse où, trois ans auparavant, elle avait débuté en bonnet, sous l'immense tente qu'à cause de la victoire d'Isly on appelait la tente marocaine. Lointains regrets ! Elle faisait vis-à-vis à un ouvrier *fashionable !* Lointains regrets ! Elle était une grisette parmi les soldats en bordée, quelques étudiants bohèmes et les rapins. Lointains regrets ! au quartier Bréda, elle était devenue Lorette. Elle chantonnait :

C'est la Lorette,
Brune fauvette,
Qui toujours gazouille tout bas
Aimez, Monsieur, n'étudiez pas.

« Sur la place de l'Union, Brigham Young avait levé les mains et tous les hommes, Mormons et Gentils, s'étaient découverts. Alors le Prophète se mit à parler. Il vanta la noblesse de la religion nouvelle, disant qu'elle était ouverte à toutes les vérités au fur et à mesure qu'elles apparaissaient. Il se réjouit que les dieux eussent envoyé des Anges parmi la nation sacrée. Il ordonna aux riches de distribuer leur superflu aux pauvres. Il exalta la polygamie, faisant l'éloge de l'œuvre de chair.

« " C'est la joie immense de l'homme de pouvoir procréer comme la divinité. Et l'on voudrait limiter le pouvoir créateur de l'homme au ventre d'une seule femme ! N'est-ce pas insulter la génération ? Ce pouvoir créateur de l'homme cesse-t-il pendant la grossesse de son épouse ? Et pourquoi, pendant qu'elle dure, interdire à l'époux de procréer ? Croissez et multipliez, enfants des Dieux ! La volupté nous divinise, nous montons au paradis quand nous la ressentons. Naissez, naissez, fils et filles des Saints, croissez et multipliez au nom de Merer, par Odiroth, Merevoss, Marinikambinissim... »

« Et il continua à parler ainsi dans une langue révélée et l'émotion du peuple entier des Mormons et des Gentils fut à son comble et tous les yeux brillaient comme des gemmes ignées. Puis, des cris perçants sortirent de la foule, pendant que le Prophète parlait. Les bras s'agitèrent, des femmes enceintes riaient si fort que, ne pouvant plus supporter le poids de leur ventre, elles tombaient sur le sol. On entendait des chants extravagants et les Indiens poussaient des exclamations gutturales qui avaient un son de glas, puis ce furent des cris déchirants de femmes du côté des Gentils et quelques hommes, frappés de terreur, tremblaient en sanglotant. Puis les cris rauques des Mormones devinrent des hurlements et un certain nombre de personnes s'évanouirent en poussant un cri perçant qui retentissait comme le sinistre appel d'un oiseau de mauvais augure. Alors une frénésie insensée secoua toute la foule. Le bark gagna le peuple tout entier et tous ceux qui n'étaient pas évanouis se jetèrent à quatre pattes et, levant la tête, regardant Brigham Young en face, ils aboyaient comme des chiens furieux. Le prêche continuait et la voix du Prophète dominait en paroles révélées les glapissements des hommes et des femmes. Il criait de toutes ses forces, les yeux levés au ciel, son chapeau haut de forme en arrière, le cou gonflé, et ses efforts firent craquer la boutonnière de son col évasé, la cravate remonta sur le cou, la chemise s'ouvrit et le goître du Prophète s'étala sur sa poitrine comme un pis de vache. Il parlait avec une voix tonnante et se penchait maintenant pour regarder dans les yeux ces aboyeurs qui s'approchaient de lui, à quatre pattes, qui grognaient, qui montraient les dents.

« Alors il ôta sa redingote et l'agita au-dessus de sa tête en poussant des cris inarticulés et tous ces chiens de folie se relevèrent et la place soudain devint immobile et le Prophète reprit son prêche en langue révélée.

« Bientôt des convulsions saisirent ce peuple frénétique ; les femmes grosses avaient des spasmes violents comme si elles allaient accoucher ; des hommes se contorsionnaient comme un linge que l'on tord et une troupe de femmes courait à reculons autour de la place et leurs têtes se désarticulaient par enthousiasme au point que la face se trouvait maintenant du côté du dos. Les yeux des Indiens étaient sortis des orbites et pendaient sur le visage comme des araignées accrochées à leur toile. Le jerk convulsait tout, les habitants, la cité. Leurs visages transformés étaient méconnaissables et leur physionomie changeait d'un instant à l'autre.

« Puis l'enthousiasme grandissant sous les cris du Prophète, tous s'accroupirent et se mirent à sauter comme des crapauds en agitant les bras, en se contorsionnant comme des reptiles inconnus, grotesques et épouvantables. Puis la voix du Prophète s'adoucit, il parlait maintenant d'une façon caressante et les contorsions cessèrent. Le peuple tout entier se jeta sur le sol et se roula de côté et d'autre comme si on l'avait bercé. Le mouvement des corps s'accéléra et il y en avait qui, rigides, roulaient à travers toute la place et revenaient en se cognant, en se surmontant, en se mêlant, en se blessant.

« Et Brigham Young se mit à chanter d'une voix perçante et très aiguë en agitant toujours sa redingote, et ces modulations stridentes secouèrent tous ces corps qui se relevèrent d'un coup et puis se courbèrent en cercle, la tête touchant les pieds, et se mirent à rouler ainsi à travers la place comme des cerceaux imparfaitement circulaires.

« Ils roulaient par milliers et le prophète chantait toujours, jusqu'au moment où le soleil étant à son déclin, faisant de sa redingote un fouet, il en cinglait ces cerceaux humains pour les chasser dans les rues avoisinantes où ils se détendaient en poussant un cri terrible et restaient immobiles, couverts de poussière et de bave sanguinolente. »

V

« C'est effrayant, dit Elvire, après un instant de silence et, tandis que le vieux Mahner reprenait ses esprits. C'est effrayant. Et moi qui croyais que c'était si amusant d'être mormone.

– La polygamie n'est pas une sinécure, à ce que j'entends, fit remarquer l'Ovide postiche, dont la bravoure était attestée par une palme, deux étoiles d'argent et une d'or. Je m'en étais toujours douté. Et le danger d'être un fanatique est aussi grand que celui que l'on affronte en allant à l'assaut d'une tranchée pourvue de mitrailleuses.

– Ces scènes de fanatisme extrêmement fréquentes en Amérique quelque trente ans auparavant, dit le vieux Mahner, étaient devenues rares à l'époque dont je vous parle.

« Je reprends mon récit !

« Un soir, à l'heure du souper, le riche elder Lubel Perciman revint chez lui avec une épouse nouvelle, à laquelle le Prophète venait de le sceller, c'était cette Française nommée Paméla Monsenergues, qui porterait désormais le nom de Paméla Perciman.

« Elle avait longtemps résisté aux avances que lui avaient faites de jeunes Mormons, mariés ou encore célibataires, et si elle s'était décidée en faveur de Lubel Perciman, c'est que ses épouses étaient jeunes, agréables à voir, qu'elles étaient venues la visiter dans la demeure de Brigham Young où la Française avait reçu l'hospitalité.

– Je reconnais bien là ma grand-mère, dit Elvire. Elle aimait les femmes et, pour ma part, je n'en ai jamais rencontré qui m'aient déplu. »

L'observation d'Elvire n'amena aucune réflexion de la part d'Ovide et le vieux Mahner continua son récit.

« Lubel Perciman avait quinze femmes, qui toutes étaient jeunes et gracieuses. Elles formaient un parterre où se mêlaient les fleurs de plusieurs climats. Cinq étaient anglaises, deux étaient nées dans l'Illinois, une en Pennsylvanie, une autre dans le Massachusetts, il y avait deux Danoises, une Irlandaise, une Russe, une Allemande et une Hollandaise.

« Ce n'est pas sans conditions que Paméla s'était laissé sceller à l'elder qui en peu d'années avait fondé une fortune mormone en s'intéressant aux entreprises de Brigham Young, un homme fort entendu aux affaires et qui eut l'idée de fonder des magasins énormes comme on en voit aujourd'hui dans toutes les grandes cités et où l'on vend de tout.

« Paméla avait exigé que le mariage serait scellé après qu'elle aurait eu le temps de se procurer une robe blanche qu'elle coupa et cousit elle-même avait l'aide des épouses du Prophète. Elle n'osa pas demander de fleur d'oranger parce qu'elle n'y avait plus droit, pensait-elle, mais, le jour de la cérémonie, elle se fit couronner de roses blanches et se para d'un collier que son fiancé lui donna et qui était composé de perles énormes, comme celles que les Romaines appelèrent unions à partir de la guerre de Jugurtha.

« Et pendant la cérémonie du scellement son cœur avait été triste jusqu'à la mort, de nostalgie et d'anxiété. Elle se comparait involontairement à ces rivières qu'elle avait vues pendant son voyage dans la Californie et dans l'Utah, au fond desquelles grouillent des milliers de serpents. Elle ressentait mille tristesses et les cérémonies insolites qui ne la touchaient point aggravaient sa peine.

« Une voiture devait amener les époux au logis et il se trouva qu'au moment où Lubel Perciman aidait Paméla à franchir le marchepied, un cavalier passa près d'eux, au pas d'une jument noire qu'il montait, et lui-même était vêtu d'une longue tunique blanche, et sur son visage masqué, elle reconnut le loup vert et les larmes d'or des Danites. Sa tiare immaculée lui donnait un aspect imposant. Et le cœur de Paméla battit plus fort, elle pensa : “ Voilà celui que j’aurais dû épouser. Il est beau et mystérieux, tandis que mon Lubel a l’air d’un négociant parvenu avec sa barbe en collier. ” Et des idées d’adultère, de fuite lui traversèrent l’esprit. Elle souhaita que le Danite la prît en croupe et l’emportât dans un autre pays, puis elle pensa à la réputation terrible des Danites et, frissonnante, elle se serra contre son mari qui la regardait à peine et ne disait pas un mot. Et quand elle fut à sa nouvelle demeure, en pénétrant dans le salon, elle vit les quatorze femmes debout pour la recevoir et, comme elles étaient rangées, de front au centre de la pièce, elle éclata de rire, pensant : “ Il n’y a pas à dire, mon foyer conjugal a un drôle d’air, il ne manque que la négresse. ” Après quoi elle redevint triste et pria son mari de l’excuser disant qu’elle éprouvait le besoin de rassembler ses idées, de se faire à cette vie si nouvelle et si étrange et elle passa la nuit toute seule.

– Le fait est, dit Elvire, tandis que M. Mahner humait une prise, le fait est que ce n’était pas ordinaire. J’ai vu des choses bien singulières en Russie, et mon premier amant, Georges, m’en a fait voir de toutes les couleurs, mais je n’ai jamais vu un harem. Ça ne doit pas être ordinaire ! Peut-être qu’après tout ce n’est pas embêtant de vivre dans un harem lorsque comme moi on ne déteste pas les femmes.

– Vous y goûterez peut-être à cette vie après la guerre, dit le factice Ovide du Pont-Euxin ; mais, j'y pense, si le récit de mon grand-oncle pose le problème, nos institutions et nos mœurs européennes lui donnent d'avance une solution négative.

– O gens d'un pays où rien ne change, dit sentencieusement Otto Mahner, que celui qui n'est pas polygame en Europe jette la première pierre aux Mormons ! »

Et, après avoir reniflé une nouvelle prise, il reprit le cours de son récit :

« Le lendemain avec ce son de parchemin remué qui signale l'approche des serpents à sonnettes, les quinze femmes de l'elder Lubel Perciman, décolletées, vêtues en robes de moire à volants, sortirent de leur jardin, se concertèrent un instant au carrefour où était située leur demeure, près de la maison d'Orson Spencer, à l'angle Nord-Ouest où se croisent la rue de la Maison du Concile et la rue de l'Émigration.

« Parmi les quinze épouses, on distinguait facilement les quatre Américaines à leurs chevelures énormes où se combinaient avec de faux cheveux en quantité étonnante, les leurs qu'elles avaient fort beaux et elles se poudraient inconsidérément le visage, le cou, la poitrine, les bras, avec de la poudre d'amidon. Les cinq épouses anglaises portaient royalement les diadèmes de leurs chevelures d'or rose dont les teintes d'aurore à peine différentes l'une de l'autre faisaient ressembler ces femmes, parfaitement blanches, à cinq cierges allumés.

« Les deux épouses danoises, la Russe et la Hollandaise se faisaient d'épais chignons avec les lourdes nattes de leurs cheveux, tandis que les cheveux noirs de l'Irlandaise en molles torsades faisaient ressortir la blancheur animée de son visage. Et la Française Paméla avait seule des cheveux châtains comme le pelage d'une loutre.

« Elles s'en allaient ainsi toutes quinze par les rues de la nouvelle cité où les boutiques étaient fermées parce que ce 29 septembre 1852 était un jour de grande fête, celle où Brigham le Prophète proclamait au peuple mormon la révélation sur la polygamie. Les portes étaient closes, mais les vitrines laissaient voir des étalages disposés avec soin et avec un goût barbare pour la décoration.

« Le photographe Marsenne Cannon avait exposé des daguerréotypes des principaux personnages du mormonisme et de leurs épouses.

« William Hennefer le barbier, qui tenait en même temps un restaurant, avait construit avec des bouteilles de vin américain, de Catawba et d'Isabella et aussi de Champagne et de Porto, en pains de savons blancs, roses et verts, en flacons d'eau de Cologne, en boîtes de conserves, un bizarre édifice qui représentait le temple bâti par les Mormons à Nauvoo. Dans la boutique de William

Nixon, c'étaient d'énormes amas de grains de froment ou de maïs, de pommes de terre, de melons qui étonnaient dans cette ville édifiée au milieu d'un désert aride.

« Chez John and Enoch Reese, épiciers, c'étaient des pyramides en boîtes de conserves d'huîtres, en pots de confitures entre lesquels s'étalaient des vêtements de cuir de daim, des cordages, des armes et des munitions, des boucauts de sucre, des caisses de tabac, des barils de porc, de farine, des sacs de café. C'étaient des boutiques de mode avec la mention *Modes de Paris et du Déseret.* C'étaient encore dans Main Street des libraires, des crémiers, le Grand Hôtel de l'Utah tenu par un Piémontais qui était aussi dentiste, épicier et maquignon et devant sa maison il avait attaché à des piquets toutes ses mules. Elles se tenaient toutes là, bêtes précieuses pour ceux qui voyagent à travers les monts et les déserts, les unes noires, les yeux limpides et expressifs, hautes comme des juments, d'autres petites, vives, gracieuses et que l'on comparait si volontairement à des grandes souris. On les avait coiffées de petites ruches, ce qui est un des symboles du mormonisme et, chaque fois qu'un cheval passait dans la rue ou dans les rues voisines, ces mules s'efforçaient de rompre la longe pour le suivre. Elles étaient si nombreuses que l'on n'avait pu les faire tenir toutes devant l'hôtel et qu'il y en avait jusque devant les boutiques de James Needham, de George P. Bourne, de John Chislett, le fourreur qui, taillant du bois, causait sur le pas de sa porte avec un chasseur qui parlait des pays qu'il avait parcourus, des régions de la rivière Rouge, le Tennessee et l'Arkansas. Et partout sur les boutiques, sur les maisons, sur le Museum, sur le Tabernacle, sur la maison d'Endowment, sur la maison du lion avec son portique, c'étaient, gravés ou peints, la ruche symbolique ou encore le nom révélé de Déseret et toujours l'" œil qui voit tout ", entouré de rayons, emblème sacré des Saints-du-dernier-jour.

« Et les quinze femmes de l'elder Lubel Perciman arrivèrent ainsi devant le Tabernacle de la théocratie mormone où venait de s'achever la cérémonie pendant laquelle le Prophète avait proclamé aux Saints et à l'univers entier le dogme de la polygynie. Et pour donner plus de majesté encore à cette consécration de la puissance virile, une procession rituelle sortait du Tabernacle pour faire le tour de la cité.

« En tête marchaient, portant la truelle et l'équerre, les pontifes qui avaient jeté des arcs sur le Jourdain de la Terre promise américaine et derrière, portant les mêmes insignes emblématiques, venaient les sculpteurs, les architectes et les maçons, occupés à édifier le temple.

« Puis, traîné par des bœufs que menaient cinq jeunes squaws aux longs cils, aux cheveux noirs plats et luisants qui leur cachaient à demi le visage, drapées dans un manteau à liséré jaune, orné de colliers où se mêlaient des griffes, des turquoises, des coquillages marins, des pendants de poterie et un sac de médecine brodé de perles, venait un chariot sur lequel était une cage énorme où treize aigles noirs, figurant les treize États originaires, battaient des ailes, tandis que les Indiennes, avec des voix dont les intonations étaient exquises, chantaient en leur langage.

« Derrière ce char, exécutant leur sonnerie martiale, marchaient les trompettes de la milice que précédait le porte-étendard et que suivaient une bande de musiciens vêtus à l'américaine et coiffés de larges chapeaux pointus ; ils jouaient du fifre, de la clarinette et du hautbois et leur musique alternait avec le son des trompettes, les cuivres de la fanfare du Sicilien Ballo et les voix des chanteurs qui venaient ensuite, vêtus en pionniers et portant des sachets indiens.

« Puis, en bon ordre, commandé par le capitaine Pettigrew, marchait un détachement de miliciens mormons, entourant quatre esclaves noirs qui portaient une grande ruche symbolisant le territoire d'Utah et rappelant le nom révélé de Déseret ou pays de la petite abeille.

« A ce moment un nègre missourien, arrivé le matin même, poussant une brouette, accompagné d'un trappeur du Michigan venu pour tendre des pièges sur la rivière du Jourdain et aux bords du lac Utah, bouscula les quinze épouses de l'elder Lubel Perciman. Ce nègre à chemise bleue, à l'œil calme, trompetait sa marchandise à travers la ville et s'arrêtait parfois pour danser la gigue devant les demeures qui lui paraissaient opulentes, repoussait avec violence ces femmes en vêtements de soirée qui se trouvaient sur son passage et, tandis que toutes se garaient, les Américaines poussaient des cris de courroux et, vite revenues de leur premier mouvement de crainte, tombèrent sur l'importun à coups d'éventails. Et lui qui voulait parler au Prophète qui arrivait à son rang dans le cortège auprès du Patriarche et parmi les Apôtres, fit un faux pas et tomba devant la troupe auguste.

« Le Président s'arrêta et avec lui le cortège tout entier et, tandis que se prolongeaient les sonneries de trompettes, le nègre criait :

« " J'ai vu d'un ciel orange Christ-Adam descendre avec ses femmes et des dieux à l'infini traversaient les espaces pour annoncer la rédemption des noirs."

« Mais Brigham Young demanda à son voisin Kimball qui riait bruyamment :

« " Quel esprit maudit et menteur habite pour ses péchés au tabernacle de ce nègre ? "

« Et de la troupe des Septante qui venait ensuite, sortirent quatre hommes qui prirent à la Française Paméla, sans la lui demander, l'écharpe qu'elle avait posée sur son bras ; ils tordirent cette bande de soie comme un cordage, firent un nœud coulant qu'ils lancèrent par-dessus une grosse branche de mûrier qui bordait la rue et, saisissant le nègre qui se débattait et criait désespérément :

« " C'est moi Sam Candland, un fils du Missouri "

« ou encore :

« " Je suis un Yankee "

« ils le pendirent aux applaudissement de tous ceux qui assistaient à ce spectacle et aux rires en cascades des Américaines dont les yeux brillaient de la joie qu'elles éprouvaient à avoir été promptement vengées.

« Le pendu se débattait encore, ses pieds dansant la gigue avec l'agilité à laquelle il les avait accoutumés et dans son visage sombre il semblait qu'il y eût à la place des yeux deux grands scorpions blancs qui marchaient l'un contre l'autre et la joie fut à son comble lorsque de la bouche du pendu un jet de salive étant sorti, un des musiciens de l'orchestre de Nauvoo, qui avait été baleinier, cria :

« "Elle souffle là !"

« comme fait, lorsqu'il aperçoit la baleine, le matelot qui interroge la mer du haut du mât.

« Puis, après les derniers soubresauts du nègre missourien, le cortège reprit sa marche devant le regard fixe du mort, rigide comme un mangeur d'opium.

« Avant tout passa un grand mannequin représentant une femme assise et couronnée d'étoiles, et d'invisibles roues, dissimulées dans le socle, étaient poussées par deux hommes que l'on ne pouvait voir, tandis qu'un troisième faisait tourner la tête comme si elle avait appartenu à une femme vivante et de temps en temps, le prodigieux simulacre parlait et c'étaient ces hommes qui criaient à l'intérieur de la machine :

« “*Je suis la Démocratie de l'Amérique, terre des femmes grandes et des hommes turbulents qui procréeront des géants plus grands que les énormes séquoias.*”

« Puis ce furent le conseil des évêques et les collèges des prêtres inférieurs suivis de quelques Chamanes de race ute que suivait le char des Écritures et de la Presse où l'on avait entassé les papyrus d'Abraham, les manuscrits de la traduction du Livre de Mormon par Joseph Smith, les premiers livres et les premiers journaux imprimés par les Mormons, tandis que, menant les bœufs qui traînaient le char et l'entourant, marchaient les restes de la famille de Joseph Smith ; sur le char, le patriarche, jeune homme qui s'y tenait les yeux fermés, portait dans un coffret d'argent l'urim et thummin, instrument divin de la clairvoyance.

« Une multitude de jeunes filles, vêtues de mousseline blanche, portaient des bannières aux couleurs des différentes nations du globe et, les suivant à dix mètres environ, M. Phelps marchait seul, les yeux baissés, et on le regardait avec terreur car le bruit courait que c'est lui qui figurait le diable aux cérémonies de l'endowment, c'est-à-dire de la dotation, et derrière venait une longue troupe d'enfants qui portaient des écriteaux avec des suscriptions en caractères mormons et ces enfants chantaient sur un ton qui rappelait parfois le rire de l'oie oua oua et parfois encore, s'enflant soudain comme le son d'une trompette, leurs voix juvéniles évoquaient le cri du grand cygne du Nord.

« Puis, en rangs pressés, précédant la foule des fidèles, s'avançaient, causant entre eux, les notables mormons. Lubel Perciman quitta les rangs et vint saluer ses épouses avec lesquelles il devait dîner chez Kimball où l'on devait donner la comédie, après quoi on danserait. Il s'approcha de Paméla, lui demanda si elle s'accoutumerait à la vie des Mormons et il ajouta :

« "Vous savez, Paméla, que mes désirs ne sont pas encore accomplis. Je suis votre mari, mais n'ai point encore exercé les droits d'un époux. Respectant les scrupules que vous pouviez avoir, je n'ai pas insisté auprès de vous hier soir. J'attendais la fête d'aujourd'hui et que le Prophète eût proclamé la révélation touchant la polygamie. Désormais, la pluralité des épouses devient un de nos dogmes et c'est en toute sainteté que ce soir je m'unirai à vous."

« Mais Paméla ne l'écoutait guère. A ce moment passaient, au pas de leurs chevaux, les Danites éblouissants de blancheur et ses yeux ne quittaient point celui qui marchait à leur tête et dont le masque un instant se tourna vers elle. Et dans la foule qui regardait la procession s'écouler, il y avait quelques officiers fédéraux qui souriaient lorsque leurs yeux rencontraient les yeux de telle ou telle Mormone et Paméla vit que l'un d'eux se tournait constamment d'un côté où se tenait la troupe des épouses du Prophète. L'épouse n° 19 se tournait souvent vers l'officier et leurs yeux avaient la couleur du myrte mouillé. Ils étaient séparés par un groupe où se tenait un Juif nommé Chéri de Mendoza, qui s'était incliné au moment où avaient passé, pompeusement disposés sur le char, les papyrus autographes d'Abraham. Il avait ensuite repris une vive discussion avec le chef ute Milopitz qui se tenait près de lui et qui lui répondait brièvement en un anglais guttural, sans f à cause de l'impossibilité où sont les gens de sa race à prononcer cette consonne. L'Ute avait abordé Chéri de Mendoza en l'appelant mon frère et le Juif, qui ne le connaissait pas, lui avait demandé la raison de cette familiarité.

« "Ne savez-vous pas, avait répondu l'Indien, qu'au témoignage des Mormons, nous sommes de la même race ?"

« Et Chéri de Mendoza avait réfléchi, tête baissée, pendant le passage des reliques d'Abraham.

« "Je vous crois, dit-il en relevant la tête. Il y a bien des analogies entre les coutumes rituelles de nos deux nations. D'autre part, le nom d'Ute, qui se prononce à peu près comme le mot qui désigne les juifs en allemand, pourrait indiquer une origine judaïque. Cependant, avouons que nos esprits ne se ressemblent guère, car s'il est vrai que l'esprit de la race, celui de la famille, l'esprit, en un mot, des traditions nous anime, les malheurs qui nous ont atteints, notre position parmi des races très différentes de la nôtre, nous ont donné une réelle facilité à comprendre, à utiliser toutes les nouveautés. Nous avons l'esprit pratique, non seulement pour les choses matérielles, mais aussi pour tout ce qui est du domaine de l'intelligence et de l'âme. Vous, au contraire, si vous êtes attachés à des traditions, vous ne savez pas les conserver pures, c'est-à-dire vivantes et modernes. Vous êtes la plèbe des dix tribus, nous sommes les princes de la tribu royale de Juda. Cette différence explique l'abaissement où l'on vous voit, explique aussi notre génie qui est de dominer en accaparant les richesses et en judaïsant les rites et il s'en faut de peu que la judaïsation de tout le bassin de la Méditerranée ne soit un fait accompli. D'autre part, monsieur l'Ute, vous savez que j'ai ouvert dans Main Street une boutique de curiosités, d'antiquités, n'oubliez pas que je vous paierai un bon prix tout ce qu'il vous plaira de me vendre, car j'ai le placement de tous objets curieux ou archéologiques tels qu'armes, étoffes, cuirs, travaux en plumes, pierres gravées, sculptures, poteries, aussi bien chez les particuliers de l'Est que dans les musées d'Europe."

« Et Chéri de Mendoza, qui était un bel exemple de la judaïsation qu'il annonçait, attestait par toute sa personne qu'au sang israélite se mêlaient en lui le sang nègre et le sang chinois.

« Le chef ute Milopitz regardait gravement et non sans mépris cet homme qui était peut-être de sa race et qui lui proposait de vendre les témoignages honorables d'un passé glorieux. Il hocha la tête et se tourna vers l'épouse qui, portant un lourd ballot sur son dos, se tenait à ses côtés humble et courbée. Ils étaient l'un et l'autre l'ignorance, la superstition, la sottise et la lubricité, quelque chose de plus bas que la plèbe et, cependant, sans qu'ils le sussent, c'était sur eux que se modelaient l'État, les mœurs et les croyances, car, ainsi que l'homme a été fait du limon de la terre, les nations sont tirées de la plèbe. »

VI

« J'avoue, dit Elvire, que j'ai pour ma grand-mère une très grande admiration. Elle pouvait résister aux hommes, tandis qu'aujourd'hui, si les femmes ont plus de droits qu'autrefois, il leur est beaucoup plus difficile de résister aux désirs virils même lorsque, comme moi et comme ma grand-mère à ce que j'ai cru deviner, elles sont enclines à aimer les femmes en général et sujettes à des béguins pour quelques hommes en très petit nombre. Dès ce soir, je ferai le portrait d'un Danite. C'est drôle, il me semble qu'il a les traits de Pablo Canouris.

– Ma foi, dit M. Mahner, je crois bien n'avoir jamais vu de Danites sans leur masque vert.

« Mais il se fait tard, je me suis laissé entraîner par les souvenirs, je vais essayer d'abréger le reste de mon récit.

« La table avait été dressée dans la salle du Social Hall. Il y avait là Kimball qui donnait la fête, entouré de ses épouses, Brigham Young et toute sa famille, Lubel Perciman et son harem, d'autres Mormons et leurs femmes. Les familles n'étaient point groupées, mais on avait alterné les sexes et Paméla était placée entre Chéri de Mendoza et James Ferguson, officier de la milice de l'Utah et qui était aussi avocat, orateur et acteur. C'était un homme d'une trentaine d'années, fort, énergique et spirituel ; ses talents de société le faisaient rechercher dans toutes les fêtes ; bien que célibataire, il avait la réputation d'un adultère et, tout en reconnaissant ses mérites, les Mormons le craignaient. En face de Paméla se trouvait l'officier fédéral ayant à sa gauche l'épouse n° 19 et à sa droite l'actrice blonde qui était en tournée à Salt Lake City.

« Des nègres faisaient le service et sur la table il y avait des flambeaux allumés et, dans des vases de céramique locale, des fleurs artificielles en cire de formes étranges, un des travaux où excellaient les Mormones.

« On servit d'abord comme hors-d'œuvre des sauterelles, des racines de camash, des oignons qui servent de nourriture aux Indiens et du vin de Catawba, qui est le produit des vignes du bord de l'Ohio.

« On écouta avec attention Chéri de Mendoza qui vantait la saveur des sauterelles rôties :

« " C'est un mets antique, disait-il, et cependant

c'est aussi pour les Européens un aliment nouveau et qui rebuterait plus d'un Blanc, même parmi ceux qui se croient sans préjugés. Les nouveautés, loin de nuire aux coutumes et aux saines traditions, les enrichissent, les vivifient, les fécondent. C'est ainsi que les sages polygames de l'Utah, loin de nuire à l'institution de la famille, lui donnent plus de grandeur et plus de force en l'étendant. »

« Et Brigham Young qui l'entendit, se tourna vers lui, disant :

« " Les Mormons sont un peuple d'élus, placés ici-bas dans une sphère spirituelle particulière, ce qui leur permet de ne tenir compte ni des lois humaines, ni des richesses superflues du monde. "

« Et le Prophète s'étant versé du catawba, leva son verre dans la direction de Chéri de Mendoza qui but d'abord aux dames et ensuite au Prophète.

« Les nègres se hâtaient pour changer les assiettes et les couverts, puis l'on servit des truites saumonées du lac Utah et le rideau de la scène qui se trouvait au bout de la salle se leva.

« Le décor était fait d'une tenture jaune au milieu de laquelle se détachait l'Œil-Qui-Voit-Tout et un jeune homme qui figurait l'Europe et une jeune demoiselle qui représentait l'Amérique, venant, l'une du côté cour et l'autre du côté jardin, s'abordèrent en souriant et il s'ensuivit un dialogue dont je me souviens presque entièrement, parce que l'année suivante on nous le fit apprendre par cœur à l'école.

L'EUROPE

Nations je vous offre et l'ordre et la beauté
Des ruines qui ont la grâce des jeunes filles
Et mes fleuves semblables aux vers des grands poètes
Et tous mes esclavages toutes mes royautés
Tous mes dieux charmants qui sont ma foi qui sont
[mon art
Tous ces peuples querelleurs et des fleurs odorantes
Vous Églises où tes aïeules et tes croyants venaient
[s'agenouiller
O vieilles maisons nourrices du progrès
Carrefours où les âges choisirent leur route et s'en
[allèrent
Patries Patries Patries dont les drapeaux me vêtent
Fantômes ô forêt du génie où chaque arbre est un nom
[d'homme
Forêt qui marches à reculons sans que tu t'éloignes
Je suis tous les fantômes tous les ombrages
Les patries les villes les champs de bataille
Amérique ô ma fille et celle de Colomb.

L'AMÉRIQUE

Hommes qui souffrez ô femmes qui aimez et vous
[enfants venez
Puiser l'eau du second baptême
Dans le petit lac bleu où le Mississippi puise son onde
Je suis l'espoir aux grands espaces et l'avenir sans
[souvenirs

Parmi les troupes de chevaux sauvages issus des
[chevaux d'Europe
Gambadent les troupeaux de jeunes pensées issues de
[pensées d'Europe
Et de nouvelles vérités sont révélées à ceux qui sont
[las des anciennes
Elles chantent ou pleurent ou prient ou éclatent de rire
Et préparent de nouveaux travaux
Un dieu se dresse dans le canot d'écorce
Une déesse se peigne en chantant dans les prairies où
[mûrit le riz sauvage
Et d'autres dieux réclament des héros
C'est aussi l'arrivée d'un vaisseau
Écoutez danser là-bas des voyageurs équivoques dans
[un bal de quarteronnes
Écoutez aussi au loin derrière les horizons la plainte
La plainte de ceux qui meurent en Europe en se rappe-
[lant
Des prairies où le riz sauvage mûrit au bord du Missis-
[sippi
Et les noires cyprières drapées dans la tillandzia
[argentée !

« L'Europe et l'Amérique se prirent par la main et, en chœur, chantèrent :

La mer sépare les deux époux
Ce sont les noces énormes de deux continents
De l'un jaillit un vaisseau à travers l'océan
L'Europe féconde l'Amérique
L'Europe nom viril dans le langage diplomatique
C'est-à-dire international qui est le français
Et l'on entend distinctement l'article masculin

Tandis que l'article féminin marque bien
Dans la langue des Nations ou langue française
Le sexe de l'Amérique
L'Europe étend frénétiquement la rigide péninsule
[d'Armor
Et l'Amérique s'étale largement ouverte
Où l'isthme humide tressaille aux tropiques
Amour sublime des Nations naissent du couple
[démesuré
Dont les éléments favorisent les épousailles
Le vaisseau poursuit son voyage fécondateur
Les vents gonflent les voiles ils gémissent
Et crient la volupté des géants qui s'entr'aiment.

« Et à ce moment des petits garçons habillés en Indiens et des petites filles vêtues en vieilles dames vinrent danser autour de l'Europe et de l'Amérique qui s'embrassèrent aux applaudissements des convives. Puis on laissa entrer quelques amateurs de théâtre qui venaient pour assister à la représentation de *Jedediah le Grand.* Ils avaient payé leurs billets en nature : en melons, en poteries, etc.

« Des Chinois vinrent enlever les tables et, pendant ce temps, les nègres firent de la musique au son de laquelle on se mit à danser à la mode des Mormons, c'est-à-dire un homme et deux femmes. Pendant ce temps, on disposait des chaises, des bancs, puis la rampe s'éclaira, on éteignit les lumières de la salle, et comme l'on continuait de danser en attendant les trois coups qui annonceraient le spectacle, les portes s'ouvrirent tout à coup et quelques officiers fédéraux entrèrent dans la salle. Des soldats les éclairaient avec des torches.

« Tout ce monde s'arrêta de danser et Kimball se dirigea vers les nouveaux venus pour protester contre leur intrusion, mais cinq officiers se précipitèrent sur les Mormones et les saisirent à bras-le-corps, les entraînèrent vers la sortie, avant que les Mormons eussent songé à les en empêcher. L'officier fédéral qui avait assisté au repas et qui dansait avec Paméla et l'épouse nº 19 les poussa vers ses camarades ; ils se trouvèrent dehors avant que l'officier de la milice Ferguson, qui remplissant un petit rôle dans la pièce de *Jedediah le Grand* se fardait dans les coulisses, partît à leur poursuite avec les Danites.

« Des chevaux attendaient les ravisseurs qui hissèrent leurs précieux fardeaux presque évanouis sur les montures, s'enchevalèrent et galopèrent hors de la ville.

« Ce fut une course effrénée durant laquelle Paméla, plus morte que vive, se laissait aller, résignée à tout. Au bout d'une demi-heure, il lui sembla que derrière eux d'autres chevaux arrivaient. Les ravisseurs activèrent la course, mais les poursuivants gagnaient du terrain, ils s'approchaient. Bientôt il y eut des coups de feu ; le cheval sur lequel était Paméla s'abattit, elle s'évanouit et, quand elle revint à elle, elle ne vit que le visage masqué d'un Danite aux larmes d'or qui la contemplait. Elle lui dit :

« " Merci de m'avoir sauvée. "

« Il dit :

« " Je regrette de n'avoir pu sauver que vous seule, les autres ont été enlevées par les Gentils. "

« Paméla pensa aussitôt à l'épouse n° 19, se disant :

« " Elle s'est sauvée, c'est ce qu'elle désirait. "

« A ce moment arrivèrent d'autres Danites qui avaient été chercher une mule pour Paméla et elle revint à Salt Lake City assise sur sa mule que conduisait par la bride le Danite éblouissant qui l'avait reprise à ses ravisseurs.

« Lubel Perciman l'attendait et lui fit fête. Toutefois on ne vit point paraître ce jour-là, ni durant la semaine qui suivit Brigham Young dont l'épouse préférée avait pris la fuite d'une façon définitive.

« Quand la nuit fut devenue silencieuse, tandis que la lune versait une lueur froide et vive, l'elder Lubel Perciman, bien rasé, vêtu d'un pantalon de toile bleue, les pieds nus dans des mocassins ornés de verroteries versicolores, voulut connaître dans toute son étendue le bonheur conjugal et pénétra dans la chambre de Paméla. Il souriait, sachant qu'au-dehors les Danites veillaient sur la félicité des Mormons. Les pâles étoiles supportaient à l'infini les dieux de toute-puissance et, plus loin que ces dieux, d'autres dieux plus puissants encore emplissaient la plénitude du monde d'une énergie incréée et sans limites.

« Avant tout, l'elder Lubel Perciman, soulevant le flambeau qu'il tenait à la main, se regarda dans le miroir. Il se trouva bien coiffé et son visage maigre lui plut et il lui sembla que sa chevelure jaune était comme un foyer lumineux où s'alimentait la lune de cette nuit d'Amérique. Ensuite il jeta un coup d'œil sur le lit bas où devait dormir votre grand-mère, semblable alors à une déité exilée et rompue de fatigue. Mais le flambeau sembla tomber des mains de l'elder Lubel Perciman, car le lit était vide. Paméla s'était enfuie sitôt revenue et mon récit touchant votre grand-mère doit s'arrêter ici puisqu'elle ne reparut plus au milieu des Mormons et que l'on n'en entendit plus parler, pas plus que du Danite, d'ailleurs. Et l'on supposa qu'elle s'était enfuie avec lui, mais on fit le silence sur ce qui la concernait car on craignait la colère de l'elder Lubel Perciman qui n'en parla plus jamais. Pour mon compte, je n'en ai plus entendu souffler mot jusqu'à ce matin où mon diable de neveu est venu de votre part me rappeler cette jolie fille mutine, aux cheveux ébouriffés qui, lorsque vêtue en matelot, elle parut sur la place de l'Union, fit tant d'impression sur les Saints-du-dernier-jour. J'oubliais d'ajouter que le bruit se répandit peu à peu que le Danite qui avait disparu en même temps que votre grand-mère n'était autre que l'ange Moroni.

– Un ange, s'écria Elvire, mais il me semble à moi qui suis la petite-fille de celle dont vous m'avez raconté l'histoire, que des ailes me poussent et ma foi je fais tout ce que je peux pour les retenir, car je tiens à rester une femme et je n'ai, je crois, aucune vocation pour l'aviation.

– Enfin, ajouta l'Ovide de fantaisie, votre grand-mère ne manquait ni de bon sens ni d'honnêteté puisqu'elle est revenue se marier dans son pays et y faire souche. Et n'est-ce pas suffisant pour juger de la valeur morale de la polygamie légale ? Les Français ne deviendront pas plus mormons que turcs. Et allez ! on repeuplera tout de même. La repopulation, à tout prendre, est avant tout une question de propagande. »

VII

Blessé au cours d'une patrouille, transporté d'ambulance en hôpital auxiliaire, Anatole de Saintariste arriva un matin au Val-de-Grâce et, dès ses premières sorties, il constata que Paris ne l'étonnait plus comme lors de sa première permission ; il rencontra Corail qu'il avait aperçue une fois avant la guerre, car elle avait été, depuis le mois de décembre 1913, l'amie d'un de ses amis : Hyacinthe Brionne, qui venait d'être tué à la guerre. Ils se lièrent et elle ne le quittait point tandis que, convalescent, il reprenait pour ainsi dire sa vie d'avant la guerre, fréquentait un milieu de jeunes écrivains et de peintres d'avant-garde.

Tous les sentiments religieux d'Anatole de Saintariste s'étaient transportés dans le domaine de l'honneur social. Il aimait par-dessus tout son pays, ou plutôt la collectivité qu'il constituait et souhaitait que la France fût, à la fois, jalouse de ses traditions et extrêmement audacieuse en ce qui concerne le progrès.

« C'est pourquoi, disait-il un jour, les ruines mêmes m'émeuvent à la façon dont peut émouvoir la vue d'une femme enceinte. J'aperçois déjà ce qui sortira d'elles. Et les morts, pour émouvantes qu'elles soient, évoquent pour moi le prochain repeuplement de la France. Il faut que dans cinquante ans elle soit devenue une nation de cent millions d'habitants.

– Instituez le mormonisme, répliqua l'Ovide d'imagination, et que chaque homme fasse des enfants à plusieurs femmes. »

Au même moment Pablo Canouris disait à Elvire :

« Du moment que Nicolas est parti et que tu es ma maîtresse, il n'y a plus de raison que tu restes chez lui. Viens chez moi. »

Mais Elvire, dont les yeux pétillaient de malice, pensait que son amie Mavise l'attendait chez elle et, tout en serrant le bras de Pablo Canouris, elle pensait à des caresses d'une douceur infinie, non celles qu'elle aurait pu recevoir, mais bien les caresses qu'elle savait donner et qui ne pouvaient toucher qu'un cœur de femme. On avait fait une excursion aux ateliers de Montmartre, et la nuit tombant, on revint à pied en chantant :

C'est la fille à la Fatma,
Qui habite à la Casbah
Au fond de l'Algérie.

Elle n'est pas jolie, jolie,
Mais dans tout le pays
Tous les sidis l'envient.

Après quoi, à Montparnasse, chacun s'en alla avec sa chacune et en route Anatole demanda à Corail :

« Tu n'avais jamais trompé Hyacinthe tandis qu'il vivait ?

– Mais si, répondit Corail.

– Il l'a su ? demanda Anatole avec une souffrance indicible.

– Il s'en est bien douté, répondit Corail, il me le disait dans ses lettres et il en était navré.

– Avec qui ? dit Anatole, tandis que des larmes venaient au bord de ses paupières.

– Avec un juif, répondit Corail, il était du ...ᵉ d'artillerie, mais il s'est arrangé pour ne jamais partir au front. Il ne couchait même pas à la caserne à Nanterre où il avait loué une petite villa.

« Durant les huit premiers mois de la guerre, je n'avais jamais trompé Hyacinthe. J'avais une petite amie Geneviève, avec qui je sortais et allais souvent à Nanterre où était son ami. René, c'est le juif, me vit et me suivit jusque dans le train qui nous ramenait à Paris. Dans le wagon il nous fit tellement rire que nous ne pûmes faire autrement que de lier conversation avec lui. Cela se fit vite. Je ne l'aimais pas, mais il était si amusant et je m'ennuyais tellement. Plus tard, un jour que je me disputais avec lui, je lui tordis si fort la main que je lui cassai le petit doigt. Il parvint à faire croire qu'il se l'était cassé en service commandé et réussit à se faire réformer.

« Quand Hyacinthe vint en permission, il se doutait de quelque chose, car un grand nombre des lettres quotidiennes que je lui adressais venaient de Nanterre. Je lui avouai tout. Et il n'eut pas le courage de me faire des reproches, mais je le sentis si profondément désolé que je sus aussitôt qu'il serait tué. Je pris le juif en haine et j'aurais voulu mourir. »

Anatole de Saintariste ne répondit rien, mais il eut aussitôt la vision de la mort héroïque et désolée du pauvre brancardier Hyacinthe Brionne à l'affaire du bois des Buttes, dans l'Aisne, en avant de Pontavert, devant la Ville-au-Bois.

Tandis que les Français allaient à l'assaut, le joli bois s'emplit de rumeurs d'un autre temps : bruits d'armes, de lances et de boucliers. Des troupes silencieuses s'avançaient et se rangeaient sous les arbres.

Anatole, dont l'imagination évoquait ce spectacle guerrier, vit l'Ennéade de ceux qui savent toute bravoure. Ce sont les abeilles des batailles de tous les temps. Mais ce n'est pas que les neuf de la Renommée soient tous des vainqueurs.

Un mirage de Judée s'étala, des montagnes, des

torrents, des blocs de jaspe vert, çà et là, des arbrisseaux épineux, des troncs écimés. Le premier de la renommée passa précédé des sonneurs de trompe, et Josué cria :

« L'important n'est pas de nourrir son peuple. Il faut lui donner la terre promise qui produit les raisins miraculeux et les fontaines de lait. L'important n'est pas de briser les veaux d'or, prétextes de rondes et de chansons. Il faut être assez ignorant des lois de la nature pour arrêter le soleil d'or afin que sa lumière soit un prétexte de victoire. Car, il ne faut pas le bonheur de tout homme, mais que tout homme ait ce qui lui a été promis. De même pour les peuples. Ils espèrent des victoires et la destruction des autres peuples. Le geste de ma main vers le soleil est le plus beau monument de l'ignorance et de la puissance humaine, surhumaine. Ma mémoire ! Le soleil s'arrêta, froidit, et pendant la nuit solaire les ennemis, las de soleil, s'enfuyaient. »

Dans le même décor de Judée, passa David, le second de la renommée qui se lamentait :

« Les batailles ? des batailles pour vos amours. Hélas ! hélas ! nul n'espérera ton retour. Ceux qui partent seront oubliés et leurs peuples n'en auront pas de regret et leurs femmes n'en auront pas de souvenir ! Combats singuliers ! C'est là le meilleur ! Ils n'impliquent ni départ, ni déroute, ni retour. Chaque guerre est un péché d'amour. Moi, qu'ai-je fait ? Sinon cette guerre pour l'adultère, Bethsabée qui baignait ses pieds dans un bassin sous mes terrasses, au jardin de cèdres et de cyprès. Les femmes n'aiment ni la guerre ni les guerriers, mais les jardins de cèdres et de cyprès, les palais à terrasses et les rois qui tergiversent. Vieux rois, qui ne partez pas en guerre, souvenez-vous de Moïse qui fabriqua un anneau d'oubli pour amortir les vœux impudiques que Thaïbi nourrissait pour lui. Rois puissants, rois barbus qui partez pour la guerre, souvenez-vous de Moïse qui fabriqua un anneau de mémoire pour Séphora, sa femme, lorsqu'il se sépara d'elle pour aller à la cour de Pharaon. »

Et dans le même décor de Judée, écrasé par l'éléphant, entouré de morts et de mourants, Judas Macchabée le troisième de la renommée râlait :

« Les ennemis de vos peuples sont les bêtes. Il faut les tuer jusqu'à en mourir. Les batailles doivent être les chasses. Tuez la brute avant l'homme, mais mourez sous la brute si vous espérez qu'elle meure sur vous. Pour chaque râle d'homme, une hécatombe n'est pas suffisante. Et, chaque jour, ô vertueux, donnez des bêtes à sacrifier. Et, chaque jour, ô braves, surmontez les répugnances et soyez bouchers devant les prêtres prêts à interpréter l'état des entrailles des victimes sur des autels dédiés par un grand peuple à son vrai Dieu. »

Un mirage d'Asie Mineure, paysage marécageux de Troade, cours du Simoïs et du Scamandre. Un héros sanglant, qui était Hector le quatrième de la renommée, disait :

« Défendez-vous, peuples. Défiez-vous des étrangères, gardez vos dieux, vos vrais dieux, ne croyez pas à la vertu des simulacres sauveurs. Et si vous ne répugnez pas à une guerre de dix années, il viendra le jour où, héros, vous aurez une mort héroïque. Car pour les peuples et les hommes, malgré leurs dieux, leurs vrais dieux, il vient toujours le jour où l'on entend chanter la femelle de l'alcyon et elle est proche en ce cas, la mort qui vient en dansant, bataillant, souvent femme, parfois homme et alors rien n'y fait, ni la valeur, ni l'invulnérabilité. On tombe, homme ou peuple, sur le champ de bataille et malheur aux vivants, hommes ou peuples, ils tombent en esclavage. Mais la défaite, honte des hommes et des peuples, est le bonheur des femmes et des nations qui pleurent et politiquent, chantent et se mutinent, se prostituent et s'acclimatent sous d'autres hommes, aux pieds d'autres dieux. »

Un mirage de Grèce s'étala, paysage de midi : silence panique, rocs stériles, temples blancs, pins et la mer avec des îles ; Alexandre y disait :

« Les plus doctes leçons ne nous enseignent pas la modération dans la soif des conquêtes et la soif physique. Quel homme plus altéré qu'un guerrier après une journée de combat ? Quel conquérant peut être magnanime s'il n'a jamais connu la défaite ! Pour bravoure, je ne reconnais que celle des Argyraspides, un courage pompeux, calme et anonyme qui permet de supprimer l'illusion des récompenses. Rois, si vous n'êtes pas fils d'un dieu, renoncez aux conquêtes, car les empires sont de trop courte durée si les peuples conquis ne peuvent pas vous élire pour leur dieu, pendant la paix politique qui doit suivre les guerres victorieuses. Mais quels souvenirs, ceux des batailles ! Ton char royal désigné à l'attention des tiens et des ennemis par des banderoles où s'inscrit ton nom fend, rapide, les troupes pressées dont les lances sont aussi nombreuses à perte de vue que les soies d'un sanglier. Tu t'enivres de clameurs, ta vue ranime tes soldats défaillants et ton audace décide une victoire qui vaudra la perte de l'indépendance à quelque peuple policé ou sauvage que tu feras selon ta volonté un peuple d'esclaves. A moins toutefois que les vaincus n'aient l'audace de vouloir n'être qu'un peuple de martyrs. »

Paysage latin des villas, des plaines cultivées, César, le sixième de la renommée y achevait sa harangue :

« Ce que l'on fait est bien fait. Ne doute jamais de toi. Y a-t-il des conquêtes possibles, fais-les. Quel étrange sentiment celui qui ne procède pas du désir de gloire. On conquiert les femmes et les peuples. Les premières conquêtes nous rendent chauves, les autres nous font perdre l'estime des hommes. Mais, en toutes choses, il ne faut pas se préoccuper de la fin. Qu'importe les livres sibyllins, les sibylles et le vol des oiseaux. Que chacun fasse selon la liberté qu'il se croit dévolue et il n'y a pas de crime au monde, ni pour les conquérants, ni pour les adultères. Si tu es roi, agis en roi. Si tu es peuple, agis en peuple roi. »

Et César s'en étant allé, les arbres du bois des Buttes crièrent :

« Soldats, soldats français !

« Tous ceux de la renommée ne sont pas morts et certains d'entre eux sont encore à naître. Celui qui vient n'est mort que pour renaître et être roi comme il le fut, c'est Arthur, le septième de la renommée. Prêtez l'oreille à sa voix.

« "Soldats, disait Arthur, il faut vous apprêter à mourir pour renaître ainsi que je ferai. Qu'importe la mort et la table ronde si je dois revenir pour régner encore après la mort de ceux qui me sont égaux. Il est un château avec cinq tours. Une au milieu et quatre autour. Les quatre sont blanches et belles. Mais celle du milieu est vermeille. Les blanches tours on les prendra. Celle au milieu résistera. O ma Bretagne, ô douce France, devinez-moi !" »

Le vieil empereur Charlemagne passa tandis que parfois au loin mourait l'ancien son du cor que ne parvenaient pas à dominer le crépitement de la mitrailleuse, le froissement de soie des obus de passage et le tonnerre des départs et le fracas des arrivées et le vieil empereur pleurait en disant :

« La vérité de la guerre est dans l'immobilité des forêts aussi savantes que les Scots d'Irlande qui m'ont enseigné le rudiment ! Entends, entends les futaies marcher et chanter sauvagement ? »

Alors parut de nouveau le paysage ardent et maigre de la Judée, et le neuvième de la renommée Godefroy de Bouillon proférait ces paroles :

« A genoux plutôt que debout et guerroie loin de ton pays natal. Les mains des barons sont les servantes de la terre. Les bras des laboureurs sont les amants du sol qu'ils fécondent. Les filles ne doivent pas faire les servantes dans leur propre famille. Il faut que le guerrier vive loin de son pays natal, il faut qu'il vive en exil et dans l'inquiétude. Et la mort est belle quand on lutte pour une grande et juste cause. Arrive, ô nuit, ô nuit plus belle que le jour ! »

Et, tandis que sa gloire éternelle brillait encore au loin, l'Ennéade avait disparu. Il ne resta que l'atroce tristesse de la bataille ; le petit brancardier agenouillé ne songeait ni à l'Ennéade de bravoure ni au danger où il était, il pensait à Corail, cette petite fille qu'il aimait et qui l'aimait, mais sans constance. Il était triste, si triste qu'il sentit qu'il allait mourir et, voyant un de ses camarades blessé qui criait : « A l'aide », il s'élança pour le secourir et c'est alors qu'une balle de mitrailleuse l'atteignait en pleine poitrine et il tombait mort, sans souffrance, tandis que le nom adoré de Corail expirait sur ses lèvres.

Alors Anatole de Saintariste revenu au temps présent baisa la main de Corail.

A ce moment, ils croisèrent Elvire et Pablo Canouris qui s'embrassaient près du cimetière Montparnasse.

Anatole dit à Corail : « Ne les regarde pas », et Canouris dit à Elvire : « Maintenant que Saintariste et Corail nous ont vus nous embrasser, tout le monde saura bien que tu es ma maîtresse et tu n'as plus de raison de ne pas venir chez moi.

– Voyons, Pablo, dit Elvire, tu n'y songes pas. Nicolas revient demain de la guerre. Le médecin-chef de l'hôpital du gouvernement de Ruritanie l'a fait réclamer comme indispensable. C'est fini entre nous.

– Eh bien ! dit Canouris, si tu m'abandonnes, j'irai trouver la sœur de Nicolas et je lui raconterai tout.

– Ah ! comme tu me dégoûtes, dit Elvire. Si j'avais su je ne t'aurais jamais aimé. Je te hais, laisse-moi tranquille. »

Et elle se mit à courir dans la direction de sa demeure. Mais Pablo Canouris courut après elle. Il la rattrapa au moment où elle sonnait. Ils se battirent passionnément et Elvire aurait fini par céder si Pablo n'avait pas glissé sur le pavé. Il tomba à genoux, elle en profita pour entrer et fermer la porte que le concierge avait ouverte depuis un bon moment.

Tout le reste de la nuit elle entendit Pablo Canouris tambouriner aux volets du rez-de-chaussée en criant : « Elbirre, écoute-moi oubrre-moi, jé te aime, jé te adore et si tu né m'obéis pas, jé té touerrai avec mon rébolber. Elbirre, jé té jourre qué jé rraconté tout à Nicolas et à sa sœur. Oubrré-moi, Elbirre ! L'amourr c'est moi ; l'amourr c'est la paix, et je souis l'amourr puisqué jé souis neuttrre, et lui c'est la guerre. La guerre c'est pas l'amourr, c'est la haine. Donque tou lé détestes et tou me aimes, ma petite Elbirre, oubrre-moi, oubrre à ton Pablo qui té adorre. »

VIII

« Vers la fin du premier semestre de 1915, tandis que les Austro-Hongrois attaquaient G..., il advint un fait singulier digne de demeurer dans les annales de l'Amour.

« Permettez-moi de celer tous les noms dans cette histoire et de ne mentionner que les initiales.

« De race polonaise, le commandant de l'artillerie qui attaquait le secteur était le comte Pr..., propre cousin du commandant de l'artillerie russe, le comte Cs... La guerre a créé de ces pénibles situations dans les familles éparpillées de la Pologne déchirée.

« Très riche, bien qu'il fût "au service de l'Autriche", le comte Pr..., qui possédait d'immenses domaines dans la région, y avait longtemps vécu avant la guerre et même s'était vu contraint d'y laisser son amie, une marchande au long corps potelé, au regard voluptueux et musicienne accomplie, laquelle, depuis peu de temps, était du dernier bien avec le comte Cs..., commandant de l'artillerie russe. De son côté, celui-ci laissait derrière les lignes sa maîtresse qu'il aimait tendrement. Cette jeune patricienne, veuve depuis un an à peine, et qui connaissait pour la première fois le plaisir d'aimer, se désolait d'être séparée de son amant, et le comte Pr..., qui avait eu l'occasion de lui être présenté avant qu'il devînt l'ennemi, l'envahisseur, lui faisait en vain une cour très assidue. Il n'avait pas oublié toutefois sa musicienne, la marchande de G... et, musicien lui-même, compositeur de talent, pour se rappeler au souvenir de sa maîtresse, il eut l'idée de lui donner un concert, tour à tour aubade et sérénade, tel qu'aucun amant n'avait encore tenté d'en flatter l'ouïe de sa maîtresse. Après avoir mesuré le son des canons de façon à connaître le timbre et la hauteur de la note qui sortait de leur âme, il composa une épouvantable symphonie qu'il fit exécuter à ses batteries ; et son rival, le commandant de l'artillerie russe, non moins musicien que lui, le comprit si bien qu'à ce terrible concert il mêla les accents aussi sauvages, mais malheureusement moins puissants, de ses canons, complétant ainsi l'horrible symphonie de son ennemi. Ce n'était rien moins que de la musique de chambre. Et ce concert, qui portait la mort, dura ainsi deux jours et deux nuits, terrifiant ceux qui l'écoutaient et auraient bien voulu ne pas l'entendre, mais ne pouvaient s'empêcher d'en admirer l'effrayante et magnifique harmonie.

« Durant la deuxième nuit, le comte Pr... fit lancer sur la ville de G... des obus à gaz suffocant où, s'étant souvenu des alcancies des Mores de Grenade, il avait fait mêler des parfums très subtils qui embaumèrent la ville assiégée, et les odeurs les plus variées et les plus violentes s'y succédèrent jusqu'à l'aube, tandis que le front des tranchées s'éclairait d'une merveilleuse pyrotechnie de fusées de toutes les couleurs qui montaient sans cesse et mouraient doucement. La garnison russe et la presque totalité de la population de G... périrent de ce concert avec la maîtresse du comte Pr... qu'il retrouva morte sur le cadavre de son amant. Quant à la maîtresse de celui-ci, qui avait résisté jusque-là au désir du vainqueur, il fallut qu'elle cédât à sa violence, mais le soir même elle poignarda le comte Pr... qui s'était endormi gorgé de viande, ivre d'hydromel et de tokay centenaires, après quoi une dernière rafale tirée de loin par les batteries russes laissa tomber un obus sur le petit castel où vivait la jeune veuve et la tua de telle façon qu'à l'accord final du concert sanglant, il ne demeura aucun des quatre amants polonais. »

La princesse Nathalie Teleschkine ajouta :

« Cette histoire m'est parvenue dans une lettre de Russie. Qu'y a-t-il de plus précaire que l'amour en tous les temps ? Ne vous étonnez pas, mon cher

Pablo, qu'il le soit davantage en temps de guerre. »

Et elle reprenait une à une les lettres qu'Elvire avait écrites à Pablo. Depuis le retour de son amant Nicolas, Elvire, après avoir rompu avec Pablo, l'avait revu et la vie s'écoulait sans heurts. Nicolas s'intéressait de moins en moins à Elvire et courait de son côté avec les petites actrices qui venaient donner des séances à l'hôpital ruritanien. Elvire en était profondément froissée et bien plus jalouse qu'elle ne disait, car elle voyait le manège de son Nicolas, tandis que celui-ci ne s'était pas aperçu des intrigues d'Elvire.

Elles lui furent révélées par la marraine de guerre d'un des officiers soignés à l'hôpital. Elle avait fait à Nicolas des avances, qu'il avait froidement accueillies toutefois, il était sorti avec elle et l'avait menée quelquefois prendre le thé, rue de Rivoli. Il l'avait même présentée à Elvire qui passait maintenant la moitié de son temps à la Coupole avec son Pablo aux mains d'azur et les amis de celui-ci. Mais Nicolas ne s'était jamais décidé à faire sérieusement la cour à la marraine du lieutenant Emmanuel Verde-Croye, la jolie Francine, qui, dépitée et pour brusquer la rupture qu'elle souhaitait entre Elvire et Nicolas, lui déclara un jour qu'elle était venue voir son filleul à l'hôpital : « Mon cher, vous êtes cocu. » Et elle eut une crise de nerfs au moment où, rouge de honte, il répondait : « Je ne crois pas. » Et tandis que le lieutenant Verde-Croye sortait de la chambre en boitillant et en chantonnant la chanson de Chérubin

J'avais une marraine
Que mon cœur, que mon cœur a de peine

Nicolas, qui n'y croyait pas, fit cependant à ce propos, dès le soir même, une scène à Elvire et tout Montparnasse qui était au courant se mêla de les séparer. Seule, Elvire se mit dans la tête qu'il fallait qu'elle restât avec son Nicolas, nia si bien, qu'elle nia tout ce qu'on lui reprochait, cessa d'aller à la Coupole et de voir Canouris qui lui écrivit et elle lui répondit d'un ton courroucé que leur camaraderie était finie et, moitié pour ravoir Elvire, moitié pour que Nicolas, dont il était l'ami, fût au courant du caractère de sa maîtresse, Pablo, qui avec les femmes ne connaissait que la violence et qui les méprisait, prit la résolution de prévenir la sœur de Nicolas, afin que l'étendue du scandale empêchât toute réconciliation.

Il alla chez la princesse Teleschkine, lui dit qu'il aimait Nicolas comme un frère, qu'il était navré de le savoir acoquiné avec une fille comme Elvire, la présenta comme une dangereuse sirène dont il avait été lui-même la victime, la montra s'amusant avant lui avec des aviateurs anglais, des journalistes américains et un auxiliaire du service de santé.

Nathalie Teleschkine l'écouta avec une joie épouvantablement douloureuse car depuis longtemps elle souhaitait que son frère rompît avec Elvire et, d'autre part, elle craignait qu'il ne supportât pas sans beaucoup en souffrir cette inévitable rupture.

Pablo Canouris lui montra les lettres qu'Elvire lui avait écrites, mais elles ne pouvaient servir qu'à renforcer une conviction morale car elles n'étaient pas, en elles-mêmes, compromettantes. Elles étaient amicales, c'est tout. Finalement il montra des croquis qu'il avait faits d'après Elvire nue et une photo où elle était aussi représentée nue.

La princesse Teleschkine n'en avait pas besoin de tant pour asseoir sa conviction, elle remercia Pablo de la preuve d'amitié qu'il venait de donner à l'endroit de Nicolas et sa colère à l'égard d'Elvire était si grande que, si elle l'eût tenue, elle l'eût étranglée sur l'heure, mais elle ne put se venger que sur un bouquet que la maîtresse de son frère avait peint et qui représentait des pivoines d'un rose éclatant sur un fond azuré. Elle le lacéra. Et Pablo, que le talent d'Elvire séduisait, ne vit pas sans regret s'accomplir sous ses yeux cet acte de vandalisme.

Quand Nicolas vint à l'heure du thé chez sa sœur, elle le mit au courant avec des accents tragiques et celui-ci, plus pâle qu'un mort, revint aussitôt à son atelier et pria Elvire de s'en aller car il était au courant de tous ses déportements, il lui dit qu'il était inutile désormais de les nier, que Pablo lui-même avait tout raconté, puis il sortit pour permettre à Elvire de faire ses bagages et de partir.

Mais, lorsqu'il revint, il ne put rentrer chez lui, car la clef avait été laissée dans la serrure, à l'intérieur, et une forte odeur de gaz émanait des jointures de la porte. Il donna l'alarme et, avec le concierge, enfonça la porte, et l'on trouva Elvire asphyxiée sur le fourneau à gaz. Le médecin, qui arriva sur ces entrefaites, eut bien du mal à la faire revenir à elle, et Nicolas lui pardonna tout, ajoutant foi à ses dénégations et comme, en effet, rien ne prouvait que Pablo eût dit la vérité, Nicolas mit ses dénonciations sur le compte du dépit qu'il avait eu de ne point réussir à enlever Elvire.

Les croquis ne prouvaient rien non plus, car Pablo pouvait fort bien les avoir faits de chic et la photo, au dire d'Elvire, avait été prise à Petrograd. L'épreuve que détenait Pablo, Elvire l'avait perdue, ou peut-être même Pablo l'avait-il dérobée un jour qu'il était venu visiter ses amis. Si bien qu'il ne resta rien de cette histoire qu'une indisposition qui coûta à Elvire huit jours de lit durant lesquels le faux Ovide de Pont-Euxin vint en visite à l'atelier de la rue Maison-Dieu en compagnie du vieil Otto Mahner.

Celui-ci comprenant que, dans cette maison,

l'Éros luttait courageusement avec l'Antéros, leur dit :

« Votre amour est comme un obus qu'à tout moment un choc peut faire éclater en mille morceaux. Il y en a un comme ça dans la maison que j'habite et où demeure aussi Moïse Deléchelle. Au commencement de la guerre ce petit homme gris au corps musical était revenu d'Amérique depuis environ six mois. Il s'y était créé des relations mais n'en avait rapporté que peu d'argent et dès la mi-août 1914, il avait mangé presque toutes ses économies. Il imagina d'utiliser ses relations d'outre-mer et écrivit un peu partout en Amérique pour proposer la vente de trophées et de souvenirs de guerre. Les réponses qu'il reçut ne lui laissèrent aucun doute sur la curiosité qu'avait éveillée en Amérique la lutte des forces européennes, sur celui des adversaires auquel allaient les sympathies américaines, ni enfin sur le succès qu'aurait là-bas une marchandise aussi héroïque. Mais justement il ne manquait à Moïse Deléchelle que cette marchandise. A cette époque les champs de bataille lui étaient interdits à cause de sa santé qui l'avait fait réformer et les combattants n'envoyaient pas encore de trophées à l'arrière. Moïse Deléchelle consacra la majeure partie de ce qui lui restait d'argent à l'achat dans les bric-à-brac et chez les marchands d'antiquités, d'objets militaires de toutes sortes au meilleur marché possible. Il recueillit ainsi des casques français ou allemands de la guerre de 70. Tout ce qu'il put ramasser dans les bazars de coupe-choux, réformés par l'Intendance, tout ce qu'il put trouver aux environs du Temple de vieux képis d'officiers, des sabres dont quelques-uns remontaient à l'Empire, des cuirasses, des shakos, un bonnet à poil, un tambour, trois clairons, des sabretaches furent réunis par lui. Il mit le comble à sa collection en allant aux environs des aérodromes y acheter des débris de bois cassé par les aviateurs. Il emballa soigneusement ces objets et les expédia en Amérique où ils furent immédiatement vendus. On lui télégraphia presque aussitôt de renouveler son envoi si bien que son commerce allait le mieux possible. Il y gagna beaucoup d'argent.

« Mais tout passe. Les Américains finirent par savoir que les anciens colbaks, les pistolets, les sabres d'abordage, les épaulettes et autres défroques militaires n'avaient rien à faire avec cette guerre et Moïse Deléchelle dut, sous peine de voir ses dépositaires d'Amérique l'abandonner, s'enquérir des moyens de se procurer des souvenirs authentiques de la guerre qui se déroulait. Il obtint, on ne sait comment, le droit d'accompagner dans une visite sur le front, le correspondant d'un journal italien. Ils partirent en auto et Moïse fit une ample récolte de boutons, de casques allemands, de baïonnettes, de bonnets ronds de feldgrau. Il ramassa aussi un obus qui n'avait pas éclaté, mais en revenant son compagnon l'avisa qu'il aurait peut-être des difficultés à l'octroi pour faire rentrer à Paris un engin de cette sorte.

« Voilà Moïse Deléchelle bien marri. Cet obus devait être la plus belle pièce de sa collection. Un bel obus de 77 intact ! A cette époque (fin novembre 1914) on n'en avait eu encore à l'arrière qu'un fort petit nombre et il se promettait de le vendre mille dollars en Amérique.

« Une heure de réflexion et le remède à la situation fut trouvé. Il s'arrêta dans je ne sais quel village où il acheta un pain de quatre livres dont il coupa un morceau dans le sens de la largeur. Après quoi, il le vida soigneusement de sa mie et la remplaça par le précieux projectile qui put ainsi faire son entrée dans la capitale. Mais il n'était pas au bout de ses tribulations, car la première personne à qui il parla de cet obus lui représenta avec vivacité tous les dangers que représente la possession de cet engin.

« "Si vous l'envoyez ainsi, lui dit-on, vous risquez sinon de faire sauter le navire sur lequel il sera embarqué, au moins d'y occasionner des accidents graves, sans parler de la responsabilité que vous encourrez de ce fait. Il faut désarmer cet obus et le faire soigneusement vider."

« Rien moins que rassuré, Moïse Deléchelle se mit en quête d'un artilleur pour dévisser la fusée de l'obus et le vider. A Vincennes il ne trouva que des artilleurs experts en automobilisme.

« "Il faudrait trouver un sous-chef artificier", lui déclara un vieil adjudant, mais malgré ses démarches il n'a pu encore trouver de sous-chef et il vit dans des transes perpétuelles. Il a placé l'obus bien matelassé de tout son linge de corps dans son armoire à glace ; il me l'a fait voir avec mille précautions et la nuit il se réveille parfois en sursaut ; il lui semble avoir entendu je ne sais quel craquement dans l'armoire et attend d'un instant à l'autre que le malencontreux projectile n'éclate et le tue en faisant sauter toute la maison. »

Et, ayant raconté avec sa prolixité accoutumée l'histoire de l'obus, le vieux Mahner quitta en souriant ces amants dont la guerre avait si profondément modifié les sentiments.

Elvire, au bout de quelque temps recommença à parler avec Pablo Canouris qu'elle retrouvait sans cesse sur son passage mais elle ne le disait pas à Nicolas Varinoff qui vivait, à son propos, dans une incertitude qui le faisait jaunir.

Quand il la rencontrait, Pablo l'encourageait à venir avec lui. Et elle commençait à l'écouter de nouveau avec complaisance.

Un jour, la jolie Corail, étant venue la voir, lui parla avec éloges d'une voyante qui était aussi cartomancienne et avait à sa disposition un grand nombre de méthodes pour consulter l'avenir.

Elles y allèrent le lendemain. Mme Adonysia habitait aux Batignolles, rue Nollet. Elle prédisait l'avenir depuis la guerre, étant la veuve d'un professeur de mathématiques qui l'avait laissée sans ressources. Pour se distinguer des autres extra-lucides, elle avait inventé d'interroger le bienheureux Jean-Baptiste Vianney, curé d'Ars, ou encore le Mage Papus, de son vrai nom le docteur Encausse qui venait de mourir. Ces oracles lui répondaient de façon satisfaisante, aux dires de sa clientèle.

Il ne venait pas d'hommes chez elle, où les femmes seules étaient admises. Elle ne faisait aucune réclame dans les journaux et ne recrutait ses clientes que par relations. Le taux de la consultation était de cinq francs payables d'avance et celles que, parmi ses clientes, elle jugeait les plus discrètes, pouvaient, moyennant vingt francs, recourir à ce qu'elle appelait « la grande interrogation de guerre » qui consistait à répandre sur une assiette la poudre contenue dans une douille de cartouche Lebel et à interpréter la figure affectée par la poudre ainsi répandue.

Comme Mme Adonysia tenait Corail pour une personne raisonnable et pleine de discrétion, elle voulut bien se livrer, en faveur d'Elvire, à « la grande interrogation de guerre ».

La poudre répondit qu'Elvire quitterait son amant actuel pour aller avec celui qui lui faisait la cour.

Elle revint fort impressionnée de cette visite. Le lendemain matin elle s'éveilla de bonne heure et, entendant un chien hurler dans la rue, elle secoua Nicolas Varinoff qui, bâillant, lui demanda de quoi il s'agissait. « Entends-tu le chien hurler, lui dit-elle, cela signifie séparation. » Il n'y prit pas garde et se rendormit ; mais dans la journée, tandis que Nicolas était chez sa sœur, Elvire courut chez Pablo et lui dit qu'elle était prête à rester avec lui. Et il marqua de cette décision une satisfaction si grande qu'aussitôt, ainsi qu'il faisait quand il avait une nouvelle maîtresse, il l'emmena dans un grand magasin où il lui acheta un imperméable avec lequel elle vint le soir même à la Coupole, en compagnie de son nouvel amant.

Le lendemain, elle reçut par les soins de Nicolas Varinoff toutes ses affaires, ses robes, ses fourrures, son attirail de peintre et ses tableaux.

Mais dès le second jour elle était déjà lasse de Pablo. Son amour pour Nicolas lui regonflait le cœur ; elle lui écrivit et il lui répondit et dès le huitième jour de son installation chez Pablo Canouris, tandis que celui-ci était allé se promener à Montmartre, elle se fit aider de Corail et quitta l'atelier du peintre aux mains bleu céleste qui, en l'accueillant chez lui, n'avait pas eu la présence d'esprit de lui dire qu'elle était chez elle et de lui confier les clés.

Car les femmes ont aujourd'hui le sentiment de leur importance unique comme gardiennes de la vie sociale et de la race dont les représentants mâles font leur possible pour s'anéantir. Dans ou hors le mariage, elles ne supportent plus qu'impatiemment le joug viril, veulent être maîtresses des destinées de l'homme et se souciant peu de soumission, ont dorénavant le goût de la liberté, car, pour sauver la race humaine, il faut bien que la femme ait les mains libres.

C'est pourquoi, de retour chez Nicolas Varinoff qui n'avait pas jugé à propos de conserver son empire sur elle, et partant à la guerre, lui avait donné l'occasion de savourer la liberté, elle médita sur le cas de sa grand-mère Paméla Monsenergues la Mormone et jugea, d'après cette expérience, que la polygynie n'était pas ce qui s'imposait en temps de guerre pas plus qu'en temps de paix.

Elle décida que les femmes, par leur nombre et grâce à la liberté dont elles jouissaient vis-à-vis de l'État, détenaient désormais une puissance qui dépassait celle qui, autrefois, paraissait dévolue à l'homme devenu l'esclave de la nation.

Elle pensa que cette puissance de la femme s'exercerait fort bien si la femme s'adonnait désormais ouvertement à la polyandrie ; et elle prit cinq amants, ce qui, en comptant Nicolas Varinoff, lui en faisait six, qu'elle considérait presque comme des esclaves.

Elle élut un clown piémontais dont la robe multicolore et le maquillage l'enchantaient ; un étudiant en médecine qui se destinait aux lettres, un mutilé des deux bras qui lui parlait brutalement et l'adorait, un aviateur de l'arrière nommé Pentelemon, il appartenait au contingent de Ruritanie. Elle l'avait choisi à cause de son nom qui lui rappelait celui de la Pentelemonskaïa où Elvire avait habité à Petrograd ; et enfin un tourneur d'obus qui était un gars de ch'Nord et savait de belles chansons.

Elle travailla avec une ardeur inimaginable, ayant à cœur de ne pas être à charge à un homme, et le succès aidant elle gagnait bien sa vie.

Elle jouait en reine de la puissance que la guerre lui avait donnée.

Mais aucun de ses amants désormais n'occupait son cœur qu'elle partageait entre Mavise Baudarelle et Corail la jolie rousse aux yeux noisette, dont l'aspect évoquait si bien une goutte de sang sur une épée.

IX

Tandis qu'Elvire pratiquait un mormonisme à rebours tout en faisant son possible pour rester stérile en un temps où la défense et l'honneur social eussent exigé des femmes une fécondité particulière, Anatole de Saintariste ne songeait plus qu'à fonder une religion.

Déçu par Corail, la jolie rousse qui ornait désormais le sérail d'Elvire, Anatole de Saintariste regardait son temps, sinon avec mépris, du moins avec un étonnement mêlé d'horreur et de sévérité.

Ses réflexions et son penchant naturel l'amenèrent à imaginer une religion de l'honneur dont il parla longuement au faux Ovide un jour où venant d'être mis hors cadres, Anatole de Saintariste ne sortait plus guère de chez lui, méditant à la façon dont il organiserait sa vie et mettrait ses projets à exécution.

Saintariste habitait rue Delambre, dans la même maison qu'Otto Mahner et Moïse Deléchelle et dans un petit appartement qu'une cloison seule séparait de la chambre où demeurait ce dernier. Saintariste accueillit Ovide de Pont-Euxin en manifestant de la joie de le revoir et lui dit aussitôt :

« Ne voyez en moi qu'une sorte de moine, dont la vie, ou plutôt ce qui m'en reste, sera consacré à l'accomplissement de la mission que je me suis donnée.

« Il s'agit pour moi de fonder une religion sans dogmes et sans prêtres où l'éducation morale et physique des enfants sera la grande affaire. Vous me direz que c'est une idée qui ne pouvait venir qu'à un soldat et je vous l'accorde. J'ai été soldat et mon âme est restée celle d'un soldat. Le renouveau de l'idée religieuse que l'on constate partout est trompeur. Toutes les religions sont près de mourir et deviennent d'un vague extrême. Superstitions et croyances religieuses confinent aujourd'hui à un tel point que bien malin qui voudrait marquer la limite exacte des unes et des autres et au sein même d'une seule religion.

« On voit aujourd'hui ce qui ne s'était vu que dans l'Empire romain et à la fin du paganisme : des fidèles qui observent une religion, la soutiennent, la défendent et l'honorent sans y croire. On s'en est rendu compte désormais ; le lieu commun qui dit que le peuple a besoin d'une religion est vrai à la lettre, mais le peuple, sans être plus heureux pour cela, examine maintenant les croyances. Et la foi sans calcul est rare aujourd'hui, elle le deviendra de plus en plus, ou bien ne s'appliquera qu'à des croyances extrêmement vagues, ou encore tombera soudain dans les pires et les plus saugrenues des superstitions. L'antoinisme belge, le raspoutinisme et toutes les folies mystiques des Russes, sans parler des mille absurdités qui naissent quotidiennement dans les cinq parties du monde, sont des exemples des imbécillités que l'âme populaire peut enfanter demain dans un pays même aussi policé que la France. N'oubliez pas le diacre Pâris pour ne parler de rien qui soit contemporain. La religion de l'honneur éviterait à l'humanité avertie des écarts semblables. Elle permet de supprimer avant tout les fables de l'expiation et de la récompense qui sont les inventions les plus dangereuses qu'aient faites les fondateurs de la religion. L'honneur a toujours été une sorte de rare supériorité dévolue à certains hommes. Ils se rencontrent aujourd'hui à la guerre et guère ailleurs. Il y aurait beaucoup à dire à ce sujet, mais on peut soutenir que pratiquement parlant, le sentiment de l'honneur a disparu de la terre sauf certains cas admirables et ceux où sans les diminuer il vient de la nécessité, ainsi à la guerre.

« Les religions promettaient des récompenses dans l'autre monde, les sociologues promettent aux individus le bonheur de ce monde ; il faut supprimer tout cela et que les hommes ne trouvent désormais le bonheur qu'en eux-mêmes par la satisfaction du devoir accompli et de l'honneur sauvegardé. On y parviendra par une éducation sans faiblesse et sans erreur. Le célèbre Fox avait promis à son fils qu'il le ferait assister à la démolition d'un mur. Il fallait employer la poudre à canon et l'enfant se réjouissait de voir cette explosion. Apprenant que le mur avait été abattu sans que l'enfant ait été prévenu, il le fit reconstruire et le fit sauter une deuxième fois pour ne pas manquer de parole à son fils. Cet orateur fameux avait donc le sentiment de l'honneur et ne voulait pas, en manquant de parole à son fils, déformer le sentiment que celui-ci en pouvait avoir.

« Il faut exalter les plus beaux traits d'honneur de notre époque, les citer comme des exemples et non comme des exceptions. »

Le faux Ovide de Pont-Euxin se permit de rappeler à M. de Saintariste que M. Faguet caressait une idée assez voisine de la sienne et qu'il l'avait développée dans sa *Morale de l'honneur*.

« Morale soit, répondit Saintariste, mais non une religion. Je veux que le rite le plus marquant soit le suicide que je tiens pour particulièrement honorable et particulièrement rédempteur. Que celui qui a manqué à l'honneur se tue et le fasse avec simplicité et sans craintes.

« Mais non ! après plusieurs années de guerre,

on s'est à peine accoutumé à l'idée de la mort et pas du tout à celle de mourir.

« Il faut désormais que chacun ait son honneur, le bandit comme le soldat, le parlementaire comme le commerçant. Autrefois, le brigand avait son honneur auquel il tenait, le criminel aujourd'hui est sans honneur. La faillite entraîne de nos jours bien peu de déshonneur pour un commerçant et peu de faillis se suicident.

– Le suicide, dit Ovide, n'est-il pas considéré comme un délit ou un péché ?

– C'est possible, mais quel beau péché que celui où l'honneur vous entraîne. »

Et l'amenant à la table où il écrivait devant la fenêtre il lui dit :

« Je suis las d'être seul, j'ai connu la longue solitude loin des femmes, parmi les soldats. Elles ne m'aiment plus et je ne leur suis rien. Corail m'a quitté et pour Elvire. Oui, pour Elvire qui a un harem des deux sexes. La jolie rousse que j'aimais mérite désormais le surnom de *no man's land* que vous me pardonnerez d'emprunter à l'argot militaire de mes frères d'armes, les Tommies. Accompagnez-moi auprès d'elle après quoi je saurai ce que l'honneur me commande et s'il faut un martyr à la religion de l'honneur, je veux l'être. »

Il s'habilla et ils allèrent chez Corail qui les reçut froidement en arrangeant des roses dans une coupe.

Voici ce qu'il lui dit, ce poète : « Corail revenez à moi... Je vous aime comme si vous étiez la fille de Maghmor, roi d'Espagne. Un poète irlandais dit que sa famille n'était pas obscure et qu'elle avait épousé Eocaid, roi d'Irlande, fils de Duach. Mais que ne feriez-vous pour moi-même si j'étais Hammourabi le bon législateur ? Le ciel les fasse revenir, ils s'aimeront peut-être cette fille de Maghmor et ce roi Hammourabi.

« Mais cessez donc de respirer ces roses. Écoutez-moi. Les paroles d'un homme ne valent-elles pas l'odeur des fleurs ? Vos yeux tremblent comme du gin dans un verre soulevé par un ivrogne. Allons, baissez vos mains, ce sont de mauvaises fleurs. Voici que vos roses infidèles s'effeuillent maintenant lamentablement. Tenez, on chante, c'est peut-être Lilith qui exprime aussi son désespoir maternel. Comme s'il y avait d'autre désespoir que celui d'aimer d'amour. Ce chant vous fait rire. Si j'étais près d'une mer, je croirais au chant de l'alcyon. Il annonce la mort à celui qui l'entend. Vous vous bouchez les oreilles, c'est bien, mais nous ne sommes pas auprès de la mer. Et si j'étais plus près de vous que je ne veux l'imaginer je vous tuerais sans le chant alcyonien et me tuerais ensuite comme si l'alcyon avait chanté pour nous deux.

« Vous ne me croyez pas. De tels drames arrivent pourtant tous les jours, et l'on est si bien ensuite. Séparés ou unis pour l'éternité, ce qui se vaut. L'on est si bien ensuite. Et l'on ne revient jamais, croyez-moi, jamais. J'ai cru autrefois qu'il y en avait qui revenaient. Mais c'était une erreur. Vous n'avez jamais vu de morts. L'un que j'ai vu était chauve comme un habitant de Mycone, l'une des Cyclades. On l'enterra mais dès le troisième jour on sut qu'il s'était levé la nuit pour sucer le sang d'une fille qui ne l'avait point aimé. Il prit goût à la chose et varia ses plaisirs en suçant chaque nuit le sang d'une fille ou d'une jeune femme. Vous vous étonnez, le fait n'est point si neuf, il y eut même, il y a quelques siècles, un grand nombre de vampires en Hongrie. Pour celui dont je parle on finit par le déterrer et les fossoyeurs lui coupèrent la tête. Depuis il se tint tranquille, mais je dois ajouter que je n'ai jamais cru à la survie de cet homme chauve et je pense que les filles avaient trouvé ce moyen d'expliquer des suçons que leur avaient faits leurs amoureux.

« La nuit tombe, je ne vois plus vos mains ni votre bouche, mais seulement vos yeux d'alcool flambant. Vous n'êtes plus qu'une ombre et moi je ne suis même pas une ombre. Vous ne me voyez pas. Vous ne m'imaginez pas. Nous sommes séparés par la mer. Cette mer sur laquelle les alcyons chantent parfois à la mort et qui est traîtresse comme vous-même, sauf quand au solstice d'hiver, ces mêmes oiseaux font leur nid. Dites-moi, n'y a-t-il point pour vous de ces jours alcyoniens qui calment la mer ? Et je serais volontiers pilote en ces jours-là.

« Je voudrais vous conquérir. Les captives aiment les conquérants, mais j'ai trop longtemps fait la guerre pour croire à la réalité des conquêtes qui, je le crois, sont impossibles. »

Ayant baisé la main de Corail, il la quitta pour toujours sans qu'elle lui eût répondu un seul mot. Dans la rue Ovide de Pont-Euxin lui dit au revoir après lui avoir reproché d'avoir tenu à Corail des propos qu'il trouvait extravagants et Saintariste revint chez lui, rue Delambre.

A travers la cloison, il entendit la voix de Moïse Deléchelle et d'Otto Mahner. Il distingua les mots d'obus, d'explosion, d'artificiers, d'expéditions en Amérique, il entendit distinctement Deléchelle dire : « Il y a trop longtemps qu'il est chez moi. Je vais m'en débarrasser aujourd'hui même, tant pis pour celui qui le fera exploser. »

Et Saintariste pensa :

« Ces gens m'avaient toujours paru suspects. Ce sont des espions qui méditent de faire sauter quelque édifice intéressant la défense nationale. »

Et il écouta avec plus d'attention encore. Moïse Deléchelle continuait : « Je vais en user comme j'ai fait pour l'introduire à Paris. J'ai acheté un pain de quatre livres, j'en ai retiré la mie et l'ai remplacée par l'obus amorcé... et maintenant à la grâce de Dieu. »

« L'ignoble individu, se dit Saintariste. Tant de précautions pour introduire cette bombe chez lui comme pour la faire sortir de chez lui montrent bien quels sont les abominables projets de ce bandit. Il y va de l'honneur de ne pas laisser accomplir son crime. »

Saintariste reprit son chapeau et son revolver et descendit dans la rue attendre la sortie de Moïse Deléchelle qui parut bientôt tout seul portant dans ses bras le pain de quatre livres dont il venait de parler.

Moïse Deléchelle se dirigea vers le viaduc de la gare Montparnasse où il laissa son pain de quatre livres. Mais à ce moment Saintariste sauta sur lui en criant :

« Vil espion tu veux faire sauter le viaduc ! »

Moïse Deléchelle se débattit, mais Saintariste pour s'en rendre maître dans ces parages où il ne devait attendre aucun secours car aucun passant n'y paraissait, le jeta par terre et le frappa violemment tandis qu'à chaque coup un son étrangement musical montait du corps de Moïse Deléchelle.

En se débattant celui-ci avait touché par-dessus l'étoffe le revolver armé qui était dans la poche de Saintariste, il fit son possible pour s'en emparer. Usant de ruse il y parvint et tira une balle sur son adversaire qui, blessé à mort, put cependant lui saisir le poignet, lui arracher l'arme et lui décharger deux coups dans la tête. Après quoi il expira sur le cadavre de Moïse Deléchelle.

Pendant ce temps, Otto Mahner disait à Egon d'Afenheimer qui était venu le voir :

« Cet idiot de Deléchelle vient de partir avec son obus dans un pain de quatre livres. Il ne vivait plus tant la crainte de voir son engin éclater lui gâtait l'existence. Il va le jeter dans un coin et demain on parlera d'attentat boche. Pendant ce temps nous faisons tenir d'authentiques et intéressants renseignements à notre cher Heinzemann à Zurich. Mais notre prudence et notre bonhomie nous mettent à l'abri de tout soupçon. »

Le lendemain matin on trouva deux cadavres qui s'étreignaient encore auprès d'un pain de quatre livres qui renfermait un obus de 77.

Et quand elle apprit la mort de Saintariste, Corail dit à Elvire :

« Je savais bien qu'il allait mourir, car hier il m'a tenu des propos qui m'ont paru venir de l'autre monde et non pas d'un homme jouissant de la vie. »

Cela se passait dans l'atelier d'Elvire. Nicolas Varinoff était présent ainsi que l'aviateur Pentelemon, le clown et l'étudiant en médecine qui se destinait aux lettres.

Elvire siégeait devant son chevalet et Nicolas pensa involontairement à la Femme Assise, cette pièce de monnaie helvétique que dans son enfance il fallait prendre garde de ne pas accepter.

« Elvire, se dit-il en lui souriant, existera toujours. Elle est, à un haut degré, comme sont toutes les femmes. Ainsi que la femme assise de l'écu suisse de cinq francs, elles sont fausses et ne passent pas. »

Et « femme assise » au temps des « hommes debout », Elvire pensait alternativement aux agréments durables de la faiblesse et aux avantages de la fausseté.

DU MÊME AUTEUR

Aux Éditions Gallimard

ALCOOLS

L'ENCHANTEUR POURRISSANT

CALLIGRAMMES (*Poésies/Gallimard*)

LE FLÂNEUR DES DEUX RIVES (*L'Imaginaire*)

LE POÈTE ASSASSINÉ (*Poésie/Gallimard*)

LA FEMME ASSISE (*L'Imaginaire*)

LETTRES À SA MARRAINE

CASANOVA (*Comédie parodique*)

LE GUETTEUR MÉLANCOLIQUE

TENDRE COMME LE SOUVENIR

ANECDOTIQUES

CHRONIQUES D'ART 1902-1918 (*Folio essais*, n° 221)

LES DIABLES AMOUREUX (*Idées*, n° 445)

LETTRES À LOU (*L'Imaginaire*)

Bibliothèque de la Pléiade

ŒUVRES POÉTIQUES

ŒUVRES EN PROSE I, II et III

Dans la collection Arts et Artistes

CORRESPONDANCE AVEC PICASSO

Dans la collection Idées

LE FLÂNEUR DES DEUX RIVES *suivi de* CONTEMPORAINS PITTORESQUES, n° 338

Dans la collection Folio Junior en Poésie

GUILLAUME APOLLINAIRE UN POÈTE, présenté par Patrick Jusserand, n° 199

Dans la collection Poésie/Gallimard

ALCOOLS *suivi de* LE BESTIAIRE *et de* VITAM IMPENDERE AMORI

LE GUERRIER MÉLANCOLIQUE *suivi de* POÈMES RETROUVÉS

L'ENCHANTEUR POURRISSANT *suivi de* LES MAMELLES DE TIRÉSIAS *et de* COULEUR DU TEMPS

POÈMES À LOU *précédé de* IL Y A

Ouvrage reproduit
par procédé photomécanique.
Impression Bussière Camedan Imprimeries
à Saint-Amand (Cher), 3 novembre 1995.
Dépôt légal : novembre 1995.
1er dépôt légal : février 1979.
Numéro d'imprimeur : 1/2607.
ISBN 2-07-028612-6/Imprimé en France.

74719